SIGNOS DA MARCA

Dados Internacionais de Catalogação na Publicação (CIP)
(Câmara Brasileira do Livro, SP, Brasil)

Perez, Clotilde
Signos da marca : expressividade e sensorialidade / Clotilde Perez. – 2. ed. – São Paulo: Cengage Learning, 2016.

Bibliografia.
ISBN 978-85-221-2544-9

1. Comunicação - Pesquisa 2. Marca comercial 3. Marketing 4. Publicidade 5. Semiótica 6. Signos e símbolos I. Título.

16-01580 CDD-658.827014

Índices para catálogo sistemático:

1. Marca : Semiótica : Administração 658.827014
2. Semiótica : Marca : Administração 658.827014

CLOTILDE PEREZ

SIGNOS DA MARCA

2ª edição

EXPRESSIVIDADE E SENSORIALIDADE

CENGAGE Learning

Austrália • Brasil • Japão • Coreia • México • Cingapura • Espanha • Reino Unido • Estados Unidos

CENGAGE Learning®

Signos da marca: expressividade e sensorialidade

2ª edição

Clotilde Perez

Gerente editorial: Noelma Brocanelli

Editora de desenvolvimento: Gisela Carnicelli

Supervisora de produção gráfica: Fabiana Alencar Albuquerque

Editora de aquisições: Guacira Simonelli

Especialista em direitos autorais: Jenis Oh

Copidesque e revisão: Beatriz Araújo, Fábio Gonçalves, Nelson Barbosa e F2 Consultoria

Pesquisa Iconográfica: ABMM Iconografia

Projeto Gráfico: Megaart Design

Diagramação: Triall Editorial

Capa: BuonoDisegno

Para informações sobre nossos produtos, entre em contato pelo telefone **0800 11 19 39**

Para permissão de uso de material desta obra, envie seu pedido para **direitosautorais@cengage.com**

ISBN 13: 978-85-221-2544-9
ISBN 10: 85-221- 2544-9

Cengage Learning
Condomínio E-Business Park
Rua Werner Siemens, 111 – Prédio 11 – Torre A – Conjunto 12
Lapa de Baixo – CEP 05069-900 – São Paulo – SP
Tel.: (11) 3665-9900 Fax: 3665-9901
SAC: 0800 11 19 39

Para suas soluções de curso e aprendizado, visite **www.cengage.com.br**

Impresso no Brasil
Printed in Brazil
1 2 3 4 5 20 19 18 17 16

Para Pedro e Mel,
A experiência do amor crescente.

PREFÁCIO

Já se tornou um truísmo afirmar que os bens de consumo não resultam da necessidade. Ao contrário, a necessidade surge como efeito da existência dos bens de consumo. A lucidez desta constatação está na base da, ainda atual, teoria marxista sobre o fetichismo da mercadoria. Quando se compra um produto, junto com ele se está comprando uma complexa malha de valores psicossociais difusos, não inteiramente conscientes, mas imperiosos porque fisgam o desejo. É o desejo, e não o uso que pode advir do produto, que está na mira do seu lançamento no mercado capitalista. Vem daí a importância que a publicidade desempenha nesse mercado. É a publicidade que se responsabiliza pela captação e expressão, quase sempre subliminar, dos valores que se agregam às mercadorias.

Desde pelo menos um século e meio, vimos assistindo a um crescimento de complexidade do funcionamento do mercado que tem acompanhado *pari passu* as mutações do modo de produção capitalista. Um dos aspectos dessa complexidade está na exacerbação das ofertas de bens de consumo. Os produtos crescem, multiplicam-se, desdobram-se. Produtos de uma mesma categoria são ofertados por empresas distintas, povoando o mercado de bens similares com diferenciações entre si quase imperceptíveis. Com isso, as relações de consumo tornam-se extremamente competitivas em um mundo onde vence aquele cujas estratégias chegam mais perto e tocam mais fundo a pulsação do desejo dos consumidores.

É nesse contexto que a marca de um produto reveste-se de importância. Da multiplicação das ofertas resulta a desdiferenciação dos bens de consumo. Diante dessa desdiferenciação, a marca apresenta-se como sinal diferenciador, como traço distintivo entre os produtos, uma diferença que faz a diferença.

APRESENTAÇÃO

Clotilde Perez é uma estudiosa da semiótica – semioticista, como recentemente me esclareceu –, que além de, na universidade, gerar e transmitir conhecimento e empurrar os limites do saber e da reflexão, transita com tranquilidade no mercado.

Faz, na verdade, a ponte entre a academia e o mercado, dando subsídios valiosos para todos que pensam sobre marcas, sua construção e sua manutenção. Sua semiótica nos ajuda a desvendar marcas e seus símbolos (logotipos, logomarcas, cores, nomes), embalagens, seus slogans, conceitos e peças publicitárias. Com ela, avançamos no conhecimento das manifestações sensoriais e das implicações culturais, afetivas e emocionais dos diversos elementos do mix de uma marca.

Neste livro, usa a semiótica, disciplina aparentemente hermética e certamente pouco conhecida da maioria do público, para desvendar mecanismos que fazem as marcas serem entidades plenas de significado.

Ajuda a explicar e a desmistificar a semiótica, e assim explicita seu enorme potencial de contribuição à pesquisa de mercado, à publicidade e ao marketing.

Sistematiza e desperta um novo olhar sobre aspectos que estamos habituados a ver e a lidar no nosso dia a dia profissional, e nos ajuda a ter *insights* importantes. Traz muitos exemplos, certamente úteis, que ilustram e esclarecem os conceitos discutidos.

Faz tudo isso de forma muito elegante e acessível, compreensível mesmo para o leigo; ao mesmo tempo, o texto é denso e consistente, e a revisão de literatura é abrangente.

A leitura do livro mostra claramente o papel importante que os vários anos de experiência de Clotilde como consultora – assim como seu sólido conhecimento teórico – têm na sua formação profissional. A riqueza de exemplos e a clareza com que faz a transposição desses exemplos em benefício da sua exposição só são possíveis pelo envolvimento continuado em casos reais, que conhece não como observadora distanciada, mas sim como parte integrante de uma equipe que busca respostas e caminhos para problemas reais de marketing, de clientes reais.

Rodrigo Toni
Presidente do Instituto Ipsos

SUMÁRIO

1

SURGIMENTO E EXPANSÃO DA MARCA

DESENVOLVIMENTO DAS MARCAS

> Minha vida é monótona. Eu caço as galinhas e os homens me caçam. Todas as galinhas se parecem e todos os homens se parecem também. E por isso eu me aborreço um pouco. Mas se tu me cativas, minha vida será como que cheia de sol. Conhecerei um barulho de passos que será diferente dos outros. Os outros passos me fazem entrar debaixo da terra. O teu me chamará para fora da toca, como se fosse música [...] A raposa calou-se e considerou por muito tempo o príncipe: – Por favor... cativa-me, disse ela!
>
> **Antoine de Saint-Exupéry**[1]

Constatamos que, nos últimos anos, a base econômica dos países deslocou-se substancialmente do sistema produtivo centrado nos bens para o consumo, movendo-se da racionalidade material para o plano das satisfações e, portanto, para o campo da subjetividade. Nesse contexto de consumo mais diáfano, as marcas assumem destaque nas relações de busca, compra e venda, uso e descarte de produtos e serviços etc., indo além da ideia de meras facilitadoras das transações comerciais para transformarem-se em poderosos e complexos signos de posicionamento social, origem, cidadania e de ser no mundo.

A oferta de bens de consumo intensificou-se de tal maneira em nosso campo visual e sensível, nas ruas, nos supermercados, nos shoppings, nas lojas, nos sites de e-commerce, nas redes sociais etc., que só é possível distinguir tantos produtos por meio de signos abreviados sintéticos, de marcas e de suas expressividades. A marca representa a possibilidade

1 SAINT-EXUPERY, Antoine de. *Le Petit Prince*. Paris: Gallimard, 1993. p. 54.

de os produtos, mesmo que fugazmente, serem apreciados e reconhecidos, e ocuparem um lugar um pouco mais seguro na memória e na vida das pessoas.

As marcas estão sempre presentes em praticamente todos os momentos de nossas vidas – das roupas que usamos à comida que ingerimos; dos brinquedos das crianças às bebidas que consumimos; de nossos telefones celulares a nossos carros e a nossas opções religiosas, políticas e de lazer. Lemos sobre marcas nos jornais, nas revistas e nos blogs, e assistimos/participamos de inúmeras publicidades e pesquisas de mercado. Somos muitas vezes fiéis a marcas. Parece que quase tudo pode receber uma marca – ovos, frutas, carnes e países. Até mesmo pessoas se transformam em marcas comerciais, com elevadíssimo potencial de venda, a exemplo de várias celebridades e seus licenciamentos nos mais diversos campos da vida material. Um exemplo brasileiro é a marca "Romero Brito", nome do artista plástico pernambucano mais licenciado no país e no exterior. O potencial sígnico para marcas, na atualidade, parece ilimitado, não só por elas expressarem convicções de consumo, como também por representarem um universo de possibilidades erosivas com relação a si mesmas e aos produtos que encarnam.

O mundo das marcas não apenas se expandiu para dominar praticamente tudo o que pode ser feito, fornecido ou esperado, mas também reinventou relações até então tradicionais. Produtos disponíveis somente em alguns locais adquiriram renome nacional e internacional, tornando-se fontes geradoras de renda e de prestígio mundo afora. Esse é o caso das marcas brasileiras Melissa e Havaianas. Uma quantidade espantosa de milhões de produtos com as marcas da Unilever é vendida diariamente em todo o mundo; mais de 1 bilhão de pessoas usam o produto Gillette todos os dias; cerca de 38 milhões de pessoas comerão em um restaurante McDonald's hoje, e, provavelmente, mais da metade desses consumidores escolherá um Big Mac. Mas não podemos confundir unidade (homogeneidade de consumo) com unidade sígnica. É exatamente o poder de síntese da marca que provoca sua possibilidade de ressignificação, ou melhor, de adaptação às representações do desejo de cada consumidor em cada contexto cultural e temporal específico.

Quer sejam de charutos, chocolates, perfumes, carros, lojas, roupas, entidades, causas ou pessoas, as marcas estão entre os grandes ícones do século XX e invadem o século XXI com toda a intensidade e presença. Observamos que artistas célebres, como o iconógrafo norte-americano Andy Warhol (1928-1987), também foram seduzidos, de certa maneira, pelas marcas. Como artista e consumidor que ressignifica o mundo sígnico marcário, Warhol produziu imagens de latas de sopa Campbell, Coca-Cola e imagens múltiplas de personalidades famosas. Marilyn Monroe, uma das mais conhecidas, pode ser encontrada no Museum of Modern Art de Nova York, nos Estados Unidos, ou em qualquer lojinha dos espaços descolados das grandes capitais. O fato de a maioria das marcas representadas por ícones ser de origem norte-americana deve-se em grande parte ao desenvolvimento contínuo das marcas pelas empresas instaladas no país em um ritmo mais acelerado que as de origem europeia e oriental, em função dos incentivos ao consumo desenfreado presentes naquela sociedade e seu posicionamento competitivo e imperialista.

Outro exemplo de simbiose com o mundo marcário é observado em várias obras do surrealista espanhol Salvador Dalí (Figueres, 11/05/1904 – 23/01/1989): publicidades e embalagens povoam muitas de suas criações.

O período pós-Primeira Guerra Mundial consolidou definitivamente a importância das marcas. A publicidade tornou-se cada vez mais prevalecente e a aquisição e a construção das marcas passaram a ser identificadas com o sucesso e o desenvolvimento sustentável das organizações, especialmente das empresas privadas. Os consumidores queriam Fords, e não simplesmente carros movidos a motor.

O sucesso trouxe como consequência a complexidade dos mercados e das relações de consumo. As empresas passaram a dispor de várias marcas, que conseguiam produzir, distribuir e vender em massa. A complexidade estimulou a divisão do trabalho em funções específicas por meio de linhas de produção em que os trabalhadores desempenhavam tarefas repetitivas em uma escala gigantesca. Configurava-se naquele momento, na Administração, a divisão funcional do trabalho, a qual já há alguns anos era fortemente criticada. Satirizada impiedosamente por Charles Chaplin em *Tempos modernos*, essa ciência resultou na alienação do trabalhador, na falta de coordenação entre funções diferentes e na total ausência de flexibilidade. Toda a noção de responsabilidade individual foi sugada pelo sistema repetitivo. A imaginação nunca era estimulada e, consequentemente, a criatividade não se desenvolvia. Tratava-se do momento da padronização dos produtos e, talvez não por acaso, do auge da lobotomia na psiquiatria. Mesmo nesse contexto, as marcas começavam a ganhar importância.

Na esteira da divisão funcional, o Marketing estabeleceu-se também como função. O sistema não transformou o mundo da noite para o dia, mas, gradativamente, a gerência de marca tornou-se uma atividade funcional aceita, embora ainda como adjunto à área de vendas e/ou comercial.

Decorrência do desenvolvimento econômico da década de 1950, que trouxe uma infinidade de produtos e marcas novas, a gerência de marca ganhou popularidade nas empresas. Essa tendência foi reforçada ainda mais com o surgimento dos shoppings centers e da TV, no início dos anos 1950, e da publicidade, como a conhecemos hoje. Nunca tivemos um número tão grande de anúncios igualmente consequentes em comunicação. A gerência de marcas ofereceu alguma esperança de ordem em meio à confusão decorrente da prosperidade, no pós-guerra, que salientava a necessidade da criação de uma identidade para as empresas e produtos como caminho à diferenciação.

Por volta de 1967, 84% dos grandes fabricantes de bens manufaturados nos Estados Unidos tinham gerentes de marca. Embora os nomes tenham mudado, esse sistema permaneceu por muito tempo. Apenas na década de 1990 o sistema de gerenciamento de marcas começou a ser questionado por novas tendências, como a reengenharia, que procurou romper as barreiras funcionais há muito estabelecidas. A marca então passa a ocupar um lugar central na problemática das empresas, recebe atenção e investimentos contínuos e configura-se, em muitos casos, como o principal patrimônio da empresa.

No Brasil, a profusão das marcas começa a ser observada apenas no fim dos anos 1980, já experimentando a abertura do mercado e o consequente aumento da competição. As multinacionais de consumo de massa – boa parte delas já instalada nos anos 1940/1950 – trouxeram as suas diversidades e segmentações praticadas mundo afora, levando as empresas brasileiras a repensar seus negócios e, com grande impacto, suas marcas.

As marcas no tempo

A denominação de um signo como marca está vinculada à ideia de distintividade, identidade, autoria e propriedade. Acredita-se que, muito antes da existência da escrita, os homens já possuíam nomes (designação verbal) pelos quais podiam ser identificados de forma clara e unívoca. A própria assinatura das pessoas tem sua origem supostamente nas tribos nômades que a utilizavam com o objetivo de assinalar a propriedade de seu gado e de seus objetos. A assinatura era, então, signo de propriedade. Vestígios de assinaturas foram descobertos em fragmentos de utensílios de barro procedentes da Idade da Pedra.

Ao procurar entender a origem das marcas, estamos, na verdade, buscando a "fonte de sua essência", como diria Heidegger (2012). Em um recuo histórico, percebemos que há correntes que reconhecem a origem das marcas na prática de identificar, com brasa, barris de cedro com bebidas destiladas. Outras acreditam que as primeiras marcas tiveram sua origem nas marcações de gado com fogo (*to burn* – de onde surgiu *brand*) ou ainda nas artes. Controvérsias à parte, passemos a algumas informações históricas relevantes.

Na Antiguidade, era comum escultores e artistas plásticos em geral assinarem seus trabalhos como forma de identificação. Na Idade Média, desapareceu a tradição de assinar trabalhos de arte, fazendo que os artistas responsáveis por importantes igrejas, monumentos, esculturas e diversas outras manifestações culturais permanecessem no mais puro anonimato. Não é à toa que esse período histórico ficou conhecido como a "Idade das Trevas".

Artistas como Michelangelo Buonarroti[2] e, posteriormente, Peter Paul Rubens[3] reabilitaram na Renascença a tradição de assinar trabalhos artísticos, permitindo uma avaliação global da obra e fazendo que a presença da assinatura em sua produção influenciasse na avaliação comercial.

Obra de Michelangelo intitulada *Tondo Doni*, datada de 1503/4.
Têmpera sobre madeira (120 cm de diâmetro). Encontra-se na Galleria degli Uffizi, em Florença.

2 Michelangelo nasceu em 1475, em Caprese, Itália, e morreu em 1564, em Roma.
3 Rubens nasceu em 1577, em Siegen, Alemanha, e morreu em 1640, na Antuérpia, Bélgica.

WGA.HU

Obra de Rubens intitulada *O julgamento de Páris*, datada de 1623-1635.
Óleo sobre madeira (144,8 x 193,7 cm). Encontra-se na National Gallery, em Londres.

Muitos séculos antes da evolução dos mercados varejistas na Europa Ocidental, as prósperas cidades do Oriente Médio e do litoral do Mediterrâneo já haviam atingido o estágio de produção orientada para o mercado consumidor, e a identidade dos produtos passava a ser item importante na comercialização.

Com a queda do Império Romano, houve a interrupção do comércio entre as nações. O feudalismo passou a ser o modelo econômico-produtivo dominante na Europa Ocidental, marcando uma espécie de retorno a uma economia autossuficiente e fechada, praticamente de subsistência, em que cada comunidade produzia tudo que necessitava, de roupas a alimentos, dispensando o intercâmbio comercial com as demais. Mesmo nessa estrutura tão fechada, houve vários feudos que conceberam toda uma identidade visual feudal-familiar, criando, inclusive, moeda própria.

Aos poucos, porém, os feudos começaram a romper seu isolamento, por meio do desenvolvimento de pequenos mercados semanais, semelhantes às feiras livres da atualidade. Com o crescimento das cidades, os encontros comerciais tornaram-se mais frequentes, passando a exigir a construção de locais permanentes que abrigassem do tempo os vendedores e os compradores, dando origem às primeiras lojas varejistas. Já nesse momento percebe-se o início de manifestações promocionais, mesmo que de maneira ainda rudimentar.

Surgiram, então, as guildas[4] artesanais e comerciais, destinadas a controlar a quantidade e a qualidade da produção. Uma das determinações dessas guildas era que cada produtor colocasse uma marca em seus produtos a fim de facilitar a sua identificação na eventualidade de ser necessária a redução ou a ampliação da produção. Ainda sem a forte preocupação promocional ou de diferenciação, as marcas ganham importância prática.

O expediente de marcar os bens facilitava ainda a identificação de produtos de qualidade inferior, que poderiam prejudicar outros produtos da guilda, permitindo a aplicação de punições ao produtor responsável. Nesse momento, as marcas tinham mais uma função burocrática e legal, pois o foco estava na produção.

As marcas tornam-se, desde esse momento, uma proteção ao consumidor, que podia facilmente identificar a origem da mercadoria comprada.

As marcas modernas, como as conhecemos e convivemos hoje, tiveram sua origem na Revolução Industrial, a partir da segunda metade do século XVIII, quando o uso de técnicas de promoção de vendas determinou a importância da seleção de nomes e marcas reconhecidos. Desenvolveram-se as técnicas promocionais como alternativa para atrair a atenção dos consumidores, pois os mercados começaram a se tornar mais competitivos.

Nos Estados Unidos, os precursores da utilização de marcas foram os fabricantes de remédios populares e, após a guerra civil, os de alimentos e bebidas.

Algumas marcas criadas nas décadas de 1860 e 1870 ainda existem e permanecem firmes no mercado, como, por exemplo, Quaker Oats, Ivory Soap e Borden's Condensed Milk.

O uso de marcas como as da atualidade tem pouco mais de um século. Já em 1883, a Convenção da União de Paris procurava estabelecer uma base legal para coibir a concorrência desleal. Por volta de 1890, a maioria dos países industrializados possuía legislação específica sobre propriedade e proteção de marcas.

4 Associações de auxílio mútuo constituídas na Idade Média entre as corporações de operários, artesãos, negociantes ou artistas. Funcionavam de maneira semelhante aos sindicatos trabalhistas atuais.

Fonte: Pepsico
Crédito: Divulgação

A Quaker Oats foi criada em 1877, por Henry Seymour, como marca de cereal.

A grande mudança começou na última década do século XIX, com o surgimento de empresas que desenvolveram formas de distribuição em larga escala e começaram a utilizar os meios de comunicação com grande cobertura geográfica, visando atingir a massa populacional crescente.

Em todos os continentes, o rápido aumento populacional, a expansão das estradas de ferro e a proliferação de novas fábricas estimulavam a demanda por uma ampla gama de produtos de desenvolvimento muito recente, que variavam de remédios e alimentos a aparelhos elétricos e mecânicos, além de alguns serviços.

Quanto maior a variedade fabricada, maior se tornava a demanda, gerando uma reação em cadeia. Isso levou fabricantes, atacadistas e varejistas a escolherem marcas que fossem eficazes em vários sentidos, já postulando os princípios fundamentais até hoje em voga:

- fáceis de lembrar;
- de fácil pronúncia;
- originais;
- que descrevessem, se possível, direta ou indiretamente o produto de forma criativa.

Em todo o mundo, quase tudo é vendido com marca. Frutas são carimbadas com a marca do produtor ou do distribuidor, carnes recebem selos distintivos, serviços materializam sua identidade visual, partidos políticos comunicam suas insígnias, pessoas provêm suas vidas, todas estratégias que objetivam identificação imediata e, preferencialmente, distinção.

O conceito das marcas

A marca é uma conexão simbólica construída entre uma organização ou uma pessoa e sua oferta para outras pessoas. Entender a marca como "conexão" implica assumir a dialogia irrefutável construída nas relações de consumo mediadas pelas marcas.

Há uma imensa vastidão de conceitos de marca, desde o mais usado em marketing desenvolvido pela American Marketing Association (AMA), citado por Kotler (1998, p. 393) – "Um nome, termo, sinal, símbolo ou combinação dos mesmos, que têm o propósito de identificar bens ou serviços de um vendedor ou grupo de vendedores e de diferenciá-los de concorrentes" –, até outras abordagens que objetivam ampliar seu entendimento, inserindo-a no mundo da subjetividade e das conexões afetivas.

Em outra direção reflexiva, mas não contrária, Jong (1991, p. 168) conceitua marca como: "*un símbolo, el medio más esencial por el que la empresa se manifiesta visualmente*" (um símbolo é o meio mais essencial pelo qual a empresa se manifesta visualmente).

As definições apresentadas guardam entre si semelhanças no que se refere a marca como caminho de visibilidade e de diferenciação. As palavras da AMA são mais abrangentes, embora ainda não sejam suficientes. "Entendo por marca a distinção final de um produto ou empresa e que traduz de forma marcante e decisiva o valor de uso para o comprador. É um sinal distintivo" (Perez e Bairon, 2002, p. 65). Hoje, entendo que faltou a carga simbólica a essa definição e, por isso, construo uma nova forma de interpretação: a marca é uma conexão simbólica, construída entre uma organização, produto ou pessoa, sua oferta material e/ou intangível e as pessoas para as quais se destina. *A marca é relacional.* Esta definição traz consequências e a primeira delas é a irrefutável perda de poder dos gestores das marcas. A marca não é mais "propriedade" deles, portanto, muitas decisões precisam ser negociadas; outras, bem explicadas; outras, canceladas...

Outro conceito muito encontrado na literatura sobre o assunto refere-se à marca registrada, que recebeu a proteção legal para uso exclusivo pelo seu proprietário, que é o detentor do registro. Muitas vezes, inclui logotipo, símbolo, slogan, embalagens etc. No Brasil, o órgão responsável pelo registro da marca é o Instituto Nacional da Propriedade Industrial (Inpi), vinculado ao Governo Federal.

A marca é mais do que o produto, ou, na visão de Randazzo (1996, p. 24): "a marca é ao mesmo tempo uma entidade física e perceptual". O aspecto físico desta, que pode ser encontrado na prateleira do supermercado, no site ou de qualquer outro ponto de venda, diz respeito ao produto propriamente dito, sua embalagem e rotulagem. É geralmente estático e finito. Entretanto, o aspecto perceptual de uma marca existe no espaço psicológico – na mente do consumidor. É, portanto, dinâmico e maleável e não acessível diretamente.

Algumas marcas obtêm um nível de diferenciação tão forte que se transformam em metonímia[5] de uma classe de produtos ou serviços. Exemplos: Bombril para designar lã de aço, Gillette para lâmina de barbear, Xerox para cópias reprográficas e tantas outras.

Sem marca, um produto é uma coisa – uma mercadoria, um saquinho de café, um calçado ou uma latinha de molho. Para a maioria das categorias de produtos, a percepção que o consumidor tem de um produto genérico, sem marca, tende a ser dominada pela condição de coisa do produto, por seus atributos e benefícios meramente funcionais, desprovendo-o de sua carga emocional e simbólica.

No entanto, embora seja verdade que o consumidor geralmente percebe o produto genérico, sem marca, como entidade física, uma coisa, a maioria dos produtos também tem um aspecto psíquico latente, uma mitologia latente de produto. A percepção da existência da mitologia latente de um produto varia de produto para produto e de consumidor para consumidor. Entretanto, se os consumidores têm alguma consciência da mitologia do produto, geralmente ela não é muito evidente – é mesmo oculta. Ela se encontra abaixo do inconsciente e age como uma erosão sígnica em relação à marca.

5 A metonímia é uma figura de retórica que consiste no uso de uma palavra fora do seu contexto semântico normal por ter uma significação que tenha relação objetiva, de contiguidade, material ou conceitual, com o conteúdo ou o referente ocasionalmente pensado.

A mitologia latente do produto vai além de seus atributos físicos, benefícios e uso, ela abrange a totalidade das percepções, crenças, ritos, experiências, usos e sentimentos associados com o produto/serviço. A mitologia latente do produto decorre das experiências do consumidor com o produto genérico e, também, com a história, a cultura, os fatos e as fantasias que o cercam. Proporciona, às vezes, notáveis descobertas acerca de como o consumidor percebe o produto e esclarece as suas motivações para usá-lo, por exemplo. Ela é importante porque, muitas vezes, constitui a base para formar e manter uma forte e duradoura "mitologia de marca". Essa mitologia é amplamente explorada pelos produtores de perfume, ao perceberam que "vendem" beleza, sedução, aceitação, elegância, magia e não uma substância para atribuir "cheiros agradáveis" às pessoas.

Vale salientar que há algumas categorias de produtos em que a mitologia de produto não está latente; ocupa o primeiro plano na mente nas pessoas. Por exemplo, champanhe e charutos são categorias de produtos que tendem a ser dominados por suas mitologias de produto. Quando os consumidores compram um produto como champanhe, estão comprando uma sedutora fantasia, tanto quanto um produto tangível. Comprar e consumir um Cohiba (charuto cubano) ou tomar um Veuve Clicquot (champanhe criado em 1772 por Philippe Clicquot) são experiências ritualísticas e altamente sedutoras que representam muito mais do que simplesmente fumar ou "matar a sede".

A entropia marcária

O fenômeno da entropia tem sua origem vinculada à física e diz respeito a uma lei da termodinâmica que se refere à perda de energia em sistemas isolados, levando-os à degradação. Na Biologia, o conceito é utilizado como a medida da variação ou da desordem de qualquer sistema.

A entropia (do grego, *entrope*), que etimologicamente significa transformação, pode ser entendida como uma medida de desordem ou de imprevisibilidade da informação, certa tendência à degradação, à desintegração e até ao desaparecimento. O termo também é amplamente usado na Teoria dos Sistemas apropriado aos estudos da Administração de Empresas. Nessa perspectiva, a organização é vista como um sistema e, portanto, está sujeita à perda de energia, à desordem e à degradação – entropia. As implicações dessa abordagem estão no entendimento da organização como um constitutivo de elementos e recursos organizados que operam em relação de interdependência. A lei contrária à entropia, que também vem da física, é a entropia negativa, ou seja, o suprimento da energia adicional para que o sistema não entre em desordem. Assim, quando aplicamos à linguagem administrativa, a entropia negativa é a informação. A informação permite a homeostasia do sistema, seu equilíbrio, trazendo-o ou mantendo-o em ordem, "contrariando" sua tendência ao desgaste.

Transportando o entendimento da organização como sistema para as marcas, percebemos que estas também se constituem em sistemas. Seus elementos constitutivos vão desde seu nome, logotipo, slogan, forma, cores, até todo seu sistema publicitário que lhe dá sustentação e o discurso sociocultural dos executivos e da organização que lhe deu origem. Trata-se, assim, de um sistema bastante complexo, com componentes tangíveis e também de grande carga subjetiva, portanto, de difícil controle e mensuração. Se a marca é um sistema, ela – assim como todos os outros – tende ao desgaste pela sua suscetibilidade entrópica. Diante disso, percebemos que, se não injetarmos constantemente energia na marca, ela perde sua atratividade, sua pregnância, desgasta-se, degrada-se e pode desaparecer. Essa "energia" está aqui revestida do investimento em comunicação e expressão marcária irrefutáveis, principalmente nos mercados altamente competitivos. A marca deve estar constantemente presente se autorreferenciando. Lembrando que a **marca** não é um ente natural, mas sim uma construção sociocultural, uma dialogia e, portanto, não está provida de condições de se autoalimentar, há que se prover esse "abastecimento" com investimento publicitário e promocional que permitam a construção de vínculos com as pessoas continuamente.

A entropia marcária pode ter sua origem na presença e no investimento de um concorrente. Assim, se um competidor passa a "cuidar" de sua marca de maneira vigorosa e "você" não o faz, naturalmente com o tempo sua marca se esvai. Outro fenômeno é o da insistência em padrões de comunicação já desgastados, que ocorre quando uma marca não se atualiza em relação ao seu público-alvo. Ela deve incorporar as tendências de sua época e as mudanças socioculturais do público para a qual deve manter seu diálogo.

Um exemplo desse cuidado foi o lançamento do carro Ford Ka no final dos anos 1990. O lançamento do produto, bastante arrojado, tinha por principal objetivo trazer jovialidade à marca Ford, que estava desgastada e envelhecida. Esse é um tipo de estratégia, mas às vezes alterações na logotipia ou na abordagem publicitária, incorporando o espírito do tempo, são suficientes para se manter "em linha" com seus consumidores.

Cuidar da marca, envolvê-la em ambientações estrategicamente planejadas, revesti-la de modernidade sem perder seus traços de memória distintiva, agregá-la a situações agradáveis, prazerosas, responsáveis e edificantes, até mesmo hedonísticas em algumas situações (nem todas são adequadas), e calibrar seu discurso com o público, talvez seja o caminho para chegar à entropia negativa, ou seja, ao equilíbrio sistêmico de seus elementos, evitando a degradação. A marca é um sistema complexo e vivente e como tal requer monitoramento e atuação estratégica constantes. Ela tende à entropia mais rapidamente quando deixa de produzir significações afinadas com o seu público. ***A marca é a convergência semiótica de elementos reticulares resultante de uma negociação constante de significados entre os diversos atores sociais do processo comunicacional, por isso é interacional e movente no tempo.***

Decisões de marca

Decisão está sempre vinculada à ideia de tomar partido, julgar e resolver. Assim, a primeira decisão de marca que uma organização deve tomar é usá-la ou não em cada uma de suas linhas de produtos. Sua não utilização leva às chamadas marcas ou produtos genéricos, normalmente *commodities* de pouca ou nenhuma diferenciação, acarretando menores custos de embalagem, de divulgação e de monitoramento. Em contrapartida, a utilização de marcas incorre em muitos custos adicionais altos, principalmente da perspectiva comunicacional, mas pode trazer vantagens para a empresa, desde que seus elementos constitutivos sejam entendidos, rigorosamente gerenciados e comunicados.

A análise da importância que a marca pode assumir perante os consumidores, seus reflexos na empresa e as condições básicas para sua utilização deve pautar o processo decisório "marca *versus* não marca".

Do ponto de vista dos consumidores, o uso de marcas pode oferecer uma série de vantagens:

⌘ A marca identifica a origem do produto e, portanto, protege o consumidor

A existência de marcas conhecidas possibilita a seleção de produtos e a sua comparação, classificação por faixa de preço, qualidade etc. É comum que os consumidores se disponham a adquirir um produto um pouco mais caro de marca já conhecida que um produto mais barato e de marca desconhecida. A segurança, e não a economia, é, muitas vezes, fator decisivo na compra.

Muitos consumidores valorizam mais o *status* simbólico sinalizado pela marca que os benefícios funcionais constitutivos do produto concreto. Para nós brasileiros, deparar-se com um anúncio de Havaianas quando estamos no exterior traz um imenso conforto, pois sabemos o que vamos encontrar e, portanto, estamos protegidos do diferente e do estranho, sensações comuns e frequentes em situações desse tipo.

⌘ A marca facilita a compra e reduz o tempo de decisão

A marca minimiza os esforços com pesquisas comparativas em grande parte das situações de compra e para quase todos os produtos. Os consumidores reduzem o tempo de escolha por já possuírem um posicionamento perceptivo a respeito da marca. Por exemplo, uma dona de casa que não compra as diversas opções disponíveis de sabão em pó, e, sim, a marca tradicional. Comprar uma marca de qualidade, que está no mercado há anos, é confortável, seguro e rápido: "eu sei o que estou levando para casa".

⌘ A marca confere *status* diferenciado

A marca é uma espécie de "máquina" de produzir significações e, nesse sentido, opera na construção de um determinado *locus* social e estilos de vida. Ao usarmos e consumirmos um produto de certa marca, estamos nos posicionando socialmente, estamos declarando quem somos, do que gostamos, o que valorizamos, e assim por diante.

A marca é pertença

O consumo também é uma forma de acesso e de pertencimento social. No caso brasileiro, esta dimensão é particularmente relevante. Vivemos na última década uma importante transformação demográfica econômica que se materializou na ascensão de aproximadamente 40 milhões de brasileiros à chamada classe média. Consumir passa a ser uma forma de pertencimento, uma vez que o não consumo era apartação. Não é diferencial social necessariamente é pertencimento: "agora sim, posso consumir, logo existo". Apesar das aspas, essa é uma importante realidade em uma estrutura social e psíquica de um país capitalista e em desenvolvimento, como é o nosso caso e de tantos outros países na América Latina.

As principais vantagens do uso de marcas para as organizações estão diretamente ligadas ao que elas proporcionam às pessoas às quais se destinam. As empresas não dariam tanto peso às marcas se seu público-alvo não fosse sensível a elas.

Algumas vantagens para as organizações podem ser observadas a seguir:

- protegem o produto contra imitações ou, pelo menos, tentam;
- diferenciam, identificam e localizam o produto no ponto de venda e na esfera social;
- satisfazem e estimulam a compra repetida, podendo gerar fidelidade;
- possibilitam, invariavelmente, maiores margens de lucro, sobretudo as de posicionamento premium ou luxo;
- possibilitam extensões (no caso de marcas fortes), como explorado pela Harley-Davidson: motos, roupas e acessórios;
- permitem segmentação, como amplamente explorado pela Unilever: sabões em pó, xampus e sabonetes que cobrem toda a amplitude do mercado, por meio de marcas e de preços diferenciados).
- constroem a ponte; são mediadoras entre as ofertas e as pessoas.

Marcas vigorosas podem ainda beneficiar a empresa ao facilitar o lançamento de novos produtos, como o Ninho Soleil®, iogurte da Nestlé®,[6] que teve sua introdução no mercado facilitada pela imagem austera e altamente positiva da marca de leite em pó Ninho®.

A empresa pode também usar seu próprio nome como marca, decisão particularmente importante para produtos industriais, cuja identificação individual é mais difícil. Nesse caso, é interessante passar, por meio dela, a personalidade global da empresa de forma positiva. A imagem de uma organização de porte e bem-sucedida projeta uma impressão positiva da empresa e seus produtos para os consumidores.

Quando analisamos a dicotomia "marca *versus* não marca", temos de analisar também algumas condições para o seu uso, que passam por demanda, qualidade, distribuição e ponto de venda.

A demanda do produto deve ser suficientemente grande para que ele proporcione, ao preço de mercado, uma margem satisfatória, considerando os custos adicionais de registro, embalagem, rotulagem, comunicação e gerenciamento da marca. É claro que não estamos nos referindo aqui a mercados de nicho, ou o ponto central não é necessariamente a quantidade, mas sim o compartilhamento de características de comportamento de compra passíveis de serem atendidas.

A qualidade do produto deve ser a melhor possível ao preço de mercado, proporcionando valor a ele. A agregação efetiva de valor ao produto só se dá quando o consumidor percebe a qualidade ou a diferenciação. De nada adianta o discurso da empresa sobre a qualidade, mas, sim, se esta é *percebida* e *valorizada* pelos consumidores.

A marca deve ser facilmente identificável no produto, na embalagem ou no rótulo. Se ela não for visível, muito de seu valor em termos de distintividade e prestígio poderá ser perdido. Alguns produtos requerem engenhosidades na colocação da marca. Produtores de ovos, de bananas ou de maçãs inserem suas marcas diretamente no produto. Grandes fornecedores de carne colocam suas identidades visuais em embalagens fílmicas transparentes ou em etiquetas metálicas para o consumo em larga escala. Fabricantes de porcas e

6 Nestlé, Nescafé, Bono, Calipso, Ninho e Ninho Soleil são marcas registradas de Société des Produits Nestlé S.A., Vevey, Suíça.

parafusos nos Estados Unidos identificam a marca do produto com etiquetas autocolantes em embalagens de celofane.

A marca e o produto, portanto, devem estar sempre amplamente disponíveis. Deve-se evitar ao máximo a situação em que o consumidor procura por um marca e não a encontra, o que pode gerar decepção, dissonância cognitiva e sua subsequente substituição por uma do concorrente. Com o acirramento da competição, a distribuição e a reposição do produto no ponto de venda são condições essenciais de permanência no mercado. Além disso, deve ser possível manter um nível mínimo de controle ou influência sobre a colocação e a exposição do produto no ponto de venda para permitir a necessária visibilidade à marca. Daí decorrem todas as ações de *merchandising* no PDV. Há alguns anos, o varejo transferiu à indústria a responsabilidade integral sob o ponto de venda. As indústrias mantêm, principalmente nas grandes redes varejistas, no ponto de venda, profissionais especializados para garantir não só a adequada reposição, como também a melhor utilização das técnicas de *merchandising* e, até mesmo, "consultoria" ao consumidor no momento da compra.

Após análise mais detalhada dos impactos de se ter ou não uma marca, a organização ou pessoa que decidir por criá-la deve voltar-se para as opções estratégicas genéricas que envolvem sua utilização. As alternativas básicas são: marca guarda-chuva (*umbrella brand*), marca individual e marca mista.

A marca guarda-chuva

A estratégia de marca guarda-chuva é adotada por empresas que atuam em diversificados setores da economia, como Mitsubishi, por exemplo, ou Sadia. Essas empresas utilizam uma mesma marca para quase todas as linhas ou todos os produtos em uma ou mais linhas, visando à proteção de novos lançamentos.

A estratégia "guarda-chuva" traz, evidentemente, vantagens e desvantagens para a organização que a adota. Analisaremos a seguir cada uma delas.

Vantagens	Desvantagens
Possibilita custos mais baixos para o lançamento de novos produtos por não haver necessidade de pesquisa de nomes, cores, registro e esforço adicional de comunicação necessários para tornar a marca amplamente conhecida e posicioná-la de modo adequado. Nesse caso, o novo produto assume o posicionamento já presente na mente dos consumidores.	A principal desvantagem é o fato de que um fracasso de vendas ou um produto identificado como de qualidade inferior ao já construído pela marca podem arranhar a reputação de todos os demais produtos e, consequentemente, da empresa.
Potencialmente promove boas vendas em caso de marcas fortes e bem estabelecidas. Quando o novo produto vem perfeitamente integrado aos já existentes, isso constitui uma grande vantagem.	A introdução de categorias de produtos claramente distintos ou de qualidade inferior sob o mesmo guarda-chuva pode não só não trazer benefício algum ao novo produto, como ainda destruir ou arranhar o prestígio dos produtos já estabelecidos, contribuindo para intensificar a entropia da marca.

Nos momentos em que se opta por uma marca guarda-chuva para muitas linhas de produtos, é comum que o nome da empresa seja usado como guarda-chuva para todos ou para grande parte dos produtos, como no caso mencionado da empresa e dos diversos produtos Sadia (frango resfriado, congelado, nuggets, embutidos, pizzas etc.).

Outras empresas, no entanto, preferem ter mais de uma marca guarda-chuva, com um posicionamento claramente distinto do primeiro, muitas vezes funcionando como "marca de família de produtos", ou simplesmente buscando satisfazer a outro segmento do público-alvo. Isso evita que os produtos existentes sejam prejudicados por uma extensão inadequada do guarda-chuva.

É possível ter também marcas guarda-chuva por linha de produtos, pretendendo-se, com essa estratégia, tirar partido da sinergia possível entre os produtos sempre que se considerar adequado o uso de uma marca existente para introdução de novos produtos.

O uso de marcas guarda-chuva por linha de produtos é mais flexível que a utilização de um só guarda-chuva para todos os produtos da empresa, permitindo a sinalização de faixas de preço e/ou qualidade diferentes, categorias de produtos não relacionadas e posicionamentos claramente distintos.

Muitas empresas conscientes de seu nome forte, sinônimo de qualidade, credibilidade e prestígio acrescentam outras marcas, em vários graus de intensidade, à própria marca guarda-chuva que criaram.

As marcas individuais

Como o próprio termo sugere, a estratégia de marca individual é adotada pelas organizações que pretendam ter marcas específicas para seus produtos. Analisaremos essa estratégia com base em vantagens e desvantagens proporcionadas pela sua adoção:

Vantagens	Desvantagens
Flexibilidade e menor rigidez na escolha do nome que melhor se adapte às características, aos atributos, ao público consumidor, ao contexto, à época e/ou ao posicionamento do produto.	É necessário investir em criação e pesquisa para, por exemplo, a escolha de nomes. Na ausência de pesquisas, corre-se maior risco. Despesas com registro de marcas e investimentos direcionados aos esforços de comunicação para lançar, promover, posicionar e proporcionar reconhecimento às novas marcas são também custos adicionais.
Possibilidade de manutenção dos movimentos de *downtrading* ou *uptrading* (migração do consumidor para marcas mais baratas/inferiores ou para marcas mais caras/superiores) entre as marcas da empresa, minimizando perdas de participação de mercado da linha ou da empresa como um todo.	Pouco ou nenhum proveito da reputação e da imagem já construída da empresa ou de outros produtos de sucesso. É quase como começar de novo a cada lançamento, com todas as condicionantes de "partir do zero". Uma construção por fazer.

(*continua*)

(*continuação*)

Vantagens	Desvantagens
Se o novo produto não obtiver o sucesso esperado, não haverá comprometimento de outros produtos ou da reputação da empresa. Estabelece-se certa dependência que garante o distanciamento e a não contaminação.	O posicionamento equivocado da nova marca pode redundar em canibalização, possivelmente superior à parcela de mercado roubada da concorrência.
Possibilita maior ocupação de espaço no ponto de venda.	
Otimiza a segmentação de mercado, promovendo a sensação de "personalização".	
Proporciona a sensação de inovação e modernidade para o consumidor.	
Gera uma saudável competição interna, levando a uma maior eficácia: cada marca tem sucesso – ou não – por seus próprios méritos.	

No mercado brasileiro de produtos de limpeza, marcado pelo oligopólio, a profusão de marcas induz o consumidor a pensar em vários fabricantes com características diferentes, quando, na verdade, apenas poucos grandes concorrentes detêm quase a totalidade das marcas disponíveis nas prateleiras dos supermercados. Observando o segmento de sabão em pó, por exemplo, constatamos que, atualmente, as principais marcas são: OMO, Brilhante, Minerva, Surf, Ariel, Ace, Ypê e Tixan. Dessas, as quatro primeiras são controladas pela Unilever; as duas seguintes, pela Procter & Gamble, e as duas últimas são marcas da Química Amparo.

Os exemplos apresentados ilustram de forma apropriada como as marcas individuais possibilitam maior segmentação do mercado. Essa estratégia busca ainda minimizar a perda de participação da empresa nos casos de *downtrading* e *uptrading*, trocando a perda de participação por canibalização.[7] O consumidor compra outras marcas sem saber necessariamente que os produtos são fabricados e comercializados pelas mesmas corporações.

As marcas mistas

A decisão de utilização da marca mista busca personalizar os produtos sem abandonar o aval de uma marca guarda-chuva, que pode ou não ser o nome da empresa. As consequências dessa postura são a combinação das vantagens – e também das desvantagens – do uso de marcas guarda-chuva e individuais.

A primeira importante vantagem é o fato de o produto poder se tornar conhecido na sua individualidade e ainda contar com o aval da marca guarda-chuva e/ou do nome da empresa, que pode facilitar, agilizar e diminuir consideravelmente os custos de lançamento. Assim quando a Bombril lançou o amaciante de roupas Mon Bijou, os investimentos no lançamento não seriam os mesmos se não se colocasse o produto sob a "proteção" e a carga simbólica já construída da marca Bombril.

Uma desvantagem é que se o produto, apesar do guarda-chuva, não obtiver aceitação ou imagem favorável, poderá prejudicar outros produtos sob a mesma marca ou imagem da empresa.

Apresentamos a seguir algumas variações das escolhas possíveis para utilização da marca:

Marca do produto + marca da empresa

Nesse caso, a empresa, além de ter uma marca registrada para o produto, acrescenta na embalagem ou rótulo sua própria marca, que funciona como um abrigo de reconhecimento e credibilidade, como faz a Nestlé® com os biscoitos Calipso® ou Bono®, em que a marca da empresa (Nestlé®) está presente, porém agregada à marca do produto (Calipso®/Bono®). Temos ainda o caso da Scotch-Brite como marca de esponja sintética e a 3M como marca da empresa fabricante. Outro exemplo é o caso dos confeitos de chocolate

7 Termo empregado no marketing à introdução de um novo produto/marca que tomará parte do *share* (participação) de um produto já existente do mesmo fabricante.

da marca Rocklets, que se apresenta agregada à marca Arcor, empresa que lhe deu origem.

Nome do produto + marca da empresa

Nessa alternativa, a empresa cria um nome singular e específico para o produto e o registra como marca, na medida do possível, vinculando-o ao nome da empresa, que faz o papel de guarda-chuva. Assim procede a Kellogg's, que segue essa política com Choco Krispis, Granola, All-Bran e Sucrilhos, todas como marcas registradas no Brasil, acrescidas da marca Kellogg's nas embalagens. Entretanto, no caso dos produtos Rice Krispis, que significa "flocos crocantes de arroz", e Corn Flakes ("flocos de millho"), por se tratar de expressões de uso comum, não podem ser protegidos por registro; o que diferencia o produto da Kellogg's do da concorrência é o guarda-chuva institucional da empresa. Para estabelecer uma diferenciação com o produto Corn Flakes de uma rede varejista, a Kellogg's registrou a figura do galo e estampou a frase "O original e o melhor" na embalagem, conseguindo distinguir-se nas prateleiras.

Nome do produto/linha/coleção + marca guarda-chuva

Amplamente utilizada na indústria da moda, essa estratégia tem como prática a utilização da marca, muitas vezes o nome do próprio estilista, operando como uma espécie de aval, enquanto outro nome identifica o produto, linha ou coleção: Coleção de Verão Giovanni Versace, Gucci, ou o recente lançamento da linha verão 2016 "Go Back" de Reinaldo Lourenço.

Nome ou marca do produto + marca guarda-chuva + marca da empresa

Com a utilização dessa estratégia, é possível permitir que o produto seja ao mesmo tempo individualizado e identificado com o restante da linha, além de contar com o reforço do guarda-chuva institucional.

A linha de cafés solúveis da Nestlé® exibe duas marcas em seus rótulos: os nomes individuais – Original e Matinal –, alguns registrados como marcas; e a marca Nescafé®. Além disso, apesar de não haver destaque para a marca

Nestlé®, a transposição das palavras Nescafé® e Nestlé® traz sua presença mesmo que subjetiva: "qualidade Nestlé®", bastante visível na embalagem. Essa estratégia também vinha sendo utilizada quando a Nestlé® agregou a marca São Luiz aos biscoitos doces e a marca Bono® a seu biscoito redondo de chocolate. A mesma embalagem trazia em letras menores: "todos os produtos São Luiz se beneficiam da experiência da Nestlé® em produzir alimentos de qualidade em todo o mundo".

Marca da empresa + marca do produto = nome do produto

Essa é uma categoria razoavelmente incomum no mercado. O caso exemplar é o do Catupiry, em que a marca diz respeito à empresa fabricante do produto e também à marca deste. No entanto, nesse caso ocorre o fenômeno da metonímia, em que a marca do produto passa a ser sinônimo da categoria ou até um tipo de produto (um determinado queijo pastoso).

Todos nós pedimos pizza de frango com Catupiry, pois simplesmente não há um nome para essa categoria específica de queijos pastosos. Fenômeno mercadológico semelhante ocorre com as marcas Gillette e Xerox no Brasil, ambas tornaram-se metonímias, representando – ainda que parcialmente – a categoria dos produtos/serviços aos quais pertencem.

Estratégias das marcas

A cada dia surge uma enxurrada de marcas no mercado. Da mesma maneira, a cada ano desaparecem milhares de marcas, mas novamente surgem muitas outras, em um ciclo ininterrupto e desenfreado. Em um supermercado médio, no Brasil, de acordo com o Instituto Nielsen, podemos encontrar mais de 20 mil marcas individuais. Na década de 1970, esse número não passava de 5 mil.

A necessidade de classificar, inventariar e codificar as mercadorias existe desde o surgimento do comércio. Nos anos 1970, criou-se pela primeira vez uma metodologia, chamada código de barras tipo European Article Numbering Association (EAN), a qual, posteriormente, com a adesão de vários outros países, passou a chamar-se International Article Numbering, com as mesmas siglas.

De forma simplificada, o código de barras é uma série de linhas paralelas e espaços de diferentes espessuras que determinam as informações codificadas.

O código de barras adotado no Brasil permite identificar até 100 mil itens de 5 mil empresas e mais de 10 mil itens de 40 mil empresas, perfazendo um total de 900 milhões de itens. Nos Estados Unidos e no Canadá, utiliza-se o Universal Product Code (UPC), que permite a identificação de bilhões de produtos.

O US Patent Office (<http://www.uspto.gov/>), órgão norte-americano responsável pelo registro de marcas, equivalente no Brasil ao Inpi, tem mais de 1 milhão de marcas em seus registros, e cerca de 30 mil novas marcas são registradas a cada ano. Apenas para exemplificar a dimensão desses dados, existem registrados mais de 450 marcas de carros e nove tipos diferentes de Coca-Cola: a própria Coca-Cola, Coca-Cola Classic, Caffeine Free Coke, Caffeine Free Classic Coca-Cola, Diet Coke, Caffeine Free Diet Coke, Cherry Coke, Diet Cherry Coke e Coca Light. E o mais interessante é que, até meados da década de 1970, havia apenas o registro singular da marca Coca-Cola.

No Brasil, mesmo com a crescente onda de aquisições, fusões e consolidações, o valor das marcas faz que, na maioria das vezes, os grupos e *holdings* resultantes mantenham as marcas das empresas absorvidas, exponenciando o número de marcas disponíveis no mercado, apesar da concentração do fornecimento. Um exemplo destacado no Brasil foi o caso da Ambev, que aglutinou importantes marcas de cerveja: Brahma, Antártica, Skol, Original, Stella Artois, Bohemia, Polar etc.

Tudo isso leva a um inevitável processo de multiplicação das marcas – no mundo e no Brasil –, mesmo considerando o valor dos investimentos em lançamentos de novas marcas. Também o ambiente digital fez crescer as marcas, sites, blogs, aplicativos etc, seguem as lógicas marcárias.

As razões para o alto índice de proliferação de produtos e de marcas são inúmeras. Apresentaremos algumas delas:

- necessidade de segmentação de mercados e de preenchimento de espaços decorrentes do acirramento da concorrência;
- objetivos competitivos tradicionais, tais como: ser o primeiro, superar a concorrência, ampliar o *market share*, obter mais lucro etc.
- necessidade de inovações constantes: novas tecnologias, novos ingredientes, mudanças de formato, tamanho, cor, apresentação, sabores etc.;
- expansão para novos mercados e a consequente necessidade de novos posicionamentos;
- consumidores com amplo poder de escolha e, portanto, mais exigentes;
- alterações no ambiente competitivo (oportunidades e ameaças);
- exigências legais ou governamentais;
- concorrência interna e/ou canibalização, especialmente em empresas adeptas do uso de marcas individuais;
- aproveitamento de oportunidades;
- complexificação das relações com os atores comerciais;
- novas alternativas de comercialização e distribuição, tendo o comércio eletrônico via Internet e as redes sociais digitais se constituído em um grande impulsionador;
- necessidade de barateamento da embalagem para diminuir o preço e aumentar a competitividade, dentre outras razões de ordem financeira.
- o contexto digital.

As marcas se multiplicam nas empresas, no mercado, no varejo, nos códigos de barras e na mídia em geral, mas nem tanto assim na mente do consumidor. A razão é simples: o cérebro humano é seletivo. Há um limite de registros de marcas para o qual a tecnologia ainda não inventou uma expansão de memória. Por isso, na maior parte das vezes, uma marca nova só pode conquistar uma posição na mente do consumidor se "retirar" uma concorrente. Ocupar o mesmo espaço é física e simbolicamente difícil.

Extensão de marcas

As marcas também possuem uma realidade econômica bastante complexa para as empresas. Trata-se indiscutivelmente de um elemento de diferenciação. Optar por uma estratégia de extensão é transformar uma marca forte em uma marca guarda-chuva, ou abrir espaço em uma marca guarda-chuva para mais um produto ou linha. A empresa investe em uma marca por acreditar que seu sucesso será transferido para novos produtos, dentro da mesma categoria ou em categorias relacionadas, lançados sob a proteção do mesmo guarda-chuva.

Cegarra e Merunka (1993, p. 53) trazem uma definição de extensão de marca que inclui a necessidade de ter uma diferença "real" de natureza ou função para que seja possível tal extensão:

> *L´extension de marque est l´utilisation d´un nom de marque déjà connu sur un produit qui présent une différence de nature (caractéristiques physiques) et de fonction (valeur d´usage, bénéfices consommateurs) significative par rapport aux produits d´origine.*[8]

Exemplos como os explorados pela Nestlé® com a marca Prestígio® revelam a eficácia da extensão das marcas. Originariamente, a marca Prestígio® designava um chocolate com recheio de coco e leite condensado; no entanto, com a força da marca, baseada em grande investimento publicitário, foi possível estendê-la ao sorvete e, posteriormente, ao biscoito, aumentando a penetração da marca na mente dos consumidores. Do ponto de vista do consumidor, o ganho também é notável, uma vez que, quando compramos um sorvete Prestígio, estamos seguros de que a experiência de consumo deverá ser a mesma vivenciada quando da aquisição do já consagrado chocolate Prestígio. Nesse sentido, o consumidor sente-se seguro e à vontade porque já conhece o que vai experimentar.

8 "A extensão de marca é a utilização de um nome já conhecido para um produto que apresenta uma diferença significativa de natureza (características físicas) e de função (valor de uso, benefícios aos consumidores) em relação aos produtos de origem."

A combinação destes dois critérios – níveis de semelhança ou diferença das categorias de produtos em teste – em uma tabela de dupla entrada permitiu a elaboração de uma taxonomia das possibilidades de desenvolvimento de uma marca.

Classificação das extensões			
		Idêntica	Diferente
Função do produto	Idêntica	Complemento de tipos	Extensão de tipos
	Diferente	Extensão de marcas	Extensão de marcas

Fonte: *Les extensions de marque*... (Cegarra e Merunka, 1993, p. 53.) Reimpresso com permissão da SAGE Publications Ltd.).

A concepção clássica da marca, ao basear-se em uma relação unívoca entre esta e um produto que a materializa como uma "promessa", reduz o âmbito da extensão, no máximo, ao desenvolvimento desse mesmo produto, sem que a sua natureza e função sejam alteradas.

A adoção de uma política de extensão de linha ou complemento de tipo, como opção estratégica defensiva na distribuição (pelo maior espaço de exposição obtido) e em face do consumidor (pela otimização do nível de conhecimento adquirido), justifica-se pela aversão ao risco manifestada pela empresa diante de decisões de extensão que o incrementem, tanto mais quanto maior for a distância entre a marca original e as novas categorias de produto.

O esforço encontra-se, então, na incorporação no produto central – e na sua marca – de novos tamanhos, modelos ou sabores, ou integrando no novo produto um componente do produto original da marca.

Essa categoria é bastante apropriada, especialmente em nível institucional. Um bom exemplo é o caso da Bombril, que estendeu sua marca principal – Bombril –, até então marca exclusiva da lã de aço, para outros produtos relacionados à limpeza: esponja sintética, Multiuso Bombril e Multilimpeza Bombril. É claro que, com a extensão da marca, amplia-se também a proteção legal da marca original, talvez principal objetivo no caso dos gestores da Bombril. Havia uma possibilidade de generalização ou banalização da marca, pois há muito Bombril é metonímia do produto, condição que inevitavelmente favorece a perda de exclusividade de uso da marca. Atualmente, a Bombril utiliza sua marca na lã de aço e na esponja sintética.

Também no mercado de moda, as etiquetas e grifes são guarda-chuvas que podem significar uma determinada imagem, qualidade, *status* elevado ou exclusividade, em diferentes faixas de atuação, como nos casos de Hermès (marca existente no mercado desde 1837), Calvin Klein, Gap, Zara, Kenzo, M. Officer, Salvatore Ferragamo, dentre outros.

Uma empresa pode, ainda, diversificar sua oferta de produtos caucionados por uma única marca, acrescentando-lhe produtos complementares (extensão de tipos), fazendo variar a sua função (benefícios ou segmento de mercado a que se destina), sem modificar a natureza do produto original, ou reposicionando um produto de características distintas que cumpre a função do produto original, como, por exemplo, creme dental e escova de dentes Colgate, ou ainda, creme dental, fio dental, escova e antisséptico bucal Kolynos.

Desse modo, o campo de aplicação de uma extensão de marca, por oposição às extensões de linha e tipo, circunscreve-se, exclusivamente, a situações em que a natureza e a função do novo produto sejam claramente distintas das que identificam os produtos restantes da marca.

O sucesso da extensão de marcas depende essencialmente:

- do histórico de investimento institucional, especialmente no caso da utilização do nome da empresa com marca guarda-chuva;
- da experiência prévia de utilização da marca em questão, ou de outras, como guarda-chuva;
- da força da marca a segmentar ou do nome/marca da empresa;
- da total adequação do posicionamento atual da marca *versus* o planejado para o novo produto;
- da autoridade e notoriedade da marca.

Essa estratégia visa, com base no posicionamento original da marca, tornar a introdução de novos produtos mais simples, rápida e bem-sucedida, assim como menos dispendiosa. Nos casos em que são grandes as possibilidades de se tornar um efeito sinérgico positivo, essa pode ser uma alternativa preferível ao lançamento de um produto sob a chancela de uma marca completamente diferente. Se pensarmos que até poucos anos atrás a Mont Blanc era uma legítima produtora de canetas e de lapiseiras de grande visibilidade e valor agregado, não imaginaríamos que nos depararíamos com uma extensão de marca que atualmente envolve desde abotoaduras, clipes de gravata a cintos, pastas, agendas, óculos, carteiras, entre outros.

Uma das maiores motivações para essa decisão é o aspecto financeiro. Souza e Nemer (1993, p. 40) estimam que o estabelecimento de uma nova marca no mercado pode demandar de US$ 80 milhões a US$ 150 milhões, variando de acordo com a categoria do produto e o mercado para o qual será destinado, além das mídias a serem utilizadas.

Da perspectiva mercadológica, se a estratégia for acertada, o sucesso do novo produto poderá ser antecipado a um custo bem menor. Outras implicações, como vendas maiores e ampliação da chamada autoridade da marca, serão maximizadas. Também contribui para eliminar os obstáculos que a distribuição impõe quando se trata de aceitar um novo produto, particularmente difícil em novos mercados. Se a estratégia não for acertada, poderão ocorrer "arranhões" na imagem da marca, prejudicando os produtos sob sua proteção. Outro fenômeno é o da canibalização dos produtos existentes ser maior que o ganho de *share* do novo produto. Nos casos de lançamentos como as chamadas "versões melhoradas" tipo "plus", "super", "novo", "ultra", sem um real atributo adicional percebido pelo consumidor, esse fenômeno de canibalização poderá ser maior que o ganho de participação do novo produto.

Nesse sentido, como geradora de estímulos, a marca potencializa, pela extensão, um processo de categorização fundamentado no princípio de generalização semântica. Tendo em conta que o consumidor organiza todo um conjunto de informações provenientes dos vínculos que estabelece entre os diferentes níveis de imagem e demais contatos sensíveis, a tendência geral esperada é que, nos casos em que possua uma imagem favorável da marca original, sobrevalorize os seus produtos, em decorrência do "efeito halo".[9]

Marcas múltiplas

Lançar mão de marcas múltiplas não é tarefa fácil, especialmente na perspectiva da gestão da comunicação. A ênfase está em dar "vida própria" e independente a cada produto da empresa, atribuindo-lhe uma marca, uma identidade específica e singular. Nesse caso, a associação marca-produto é muito forte e o posicionamento da marca coincide rigorosamente com o do produto, mas não necessariamente com o da empresa, que, às vezes, não é sequer reconhecida como fabricante do produto/marca em questão. Nas empresas que adotam essa estratégia, as marcas vencem ou fracassam por seus próprios méritos.

As organizações que fazem uso desse tipo de estratégia preferem, de modo geral, não enfatizar o nome da empresa na comunicação e na embalagem do produto, embora essa identificação seja, na prática, feita com diferentes gradações segundo objetivos estratégicos distintos.

Essa estratégia parece mais utilizada pelas indústrias de alimentos e de produtos de higiene e limpeza, muitas vezes coexistindo com marcas guarda-chuva das próprias empresas e da concorrência.

A Unilever, internacionalmente, tem uma política bem definida de marcas múltiplas, identificando muitas vezes discretamente a divisão responsável e/ou a empresa na embalagem da maioria de seus produtos. No

9 Wu e Petroshius (1987, apud Serra e Gonzalez, 1998, p. 72) descrevem o "efeito halo" como "a tendência em avaliar os traços particulares de um objeto segundo a impressão global que um indivíduo dele possua". No entanto, apesar da aproximação de valores, os objetos/produtos mantêm sua independência objetiva.

setor de higiene e limpeza, a Procter & Gamble também se destaca pela utilização bem-sucedida de marcas múltiplas. Um bom exemplo é o de Ivory, lançado há quase 120 anos. Quando a P&G decidiu lançar um detergente, e, ao adicionar "liquid" ou "plus" à marca do produto, preferiu chamá-lo de Tide para não alterar o posicionamento de Ivory na mente do consumidor. Ambas são marcas de sucesso até hoje nos Estados Unidos e na Europa.

O que geralmente favorece a utilização das marcas múltiplas é:

- a ausência ou pouca história de investimentos em imagem institucional, intencional ou não;
- a experiência anterior bem-sucedida na introdução de marcas individuais;
- a grande variedade de categorias de produto, linhas e/ou versões muito específicas;
- demonstração de potência no mercado: variedade e abrangência para os consumidores e barreira de entrada aos competidores;
- a crença na competição interna como fator motivador e propiciador de eficácia;
- a crença no posicionamento preciso e singular como fator crítico de sucesso.

A utilização de marcas múltiplas visa fazer de cada marca/produto individual um negócio competitivo dentro da própria empresa e, externamente, manter as posições conquistadas, como acontece, por exemplo, com as marcas de amaciantes Comfort e Fofo da Unilever, que possuem posicionamentos distintos e equipes diferenciadas de gestão.

Utilizar ou não marcas múltiplas é uma questão estratégica e as implicações devem ser rigorosamente mensuradas. Analisemos as principais implicações mercadológicas da utilização de marcas múltiplas.

Primeiro deve-se ter de forma bastante clara que uma marca bem-sucedida não garante o sucesso do próximo lançamento. Em contrapartida, um fracasso não prejudica as marcas bem posicionadas, atingindo a imagem da empresa tão somente na proporção em que esta identifica ou associa sua imagem à nova marca.

Novas marcas soam para o consumidor como inovações, com boas chances de conquistar o público líder de opinião. O perigo de uma canibalização muito forte dos produtos existentes é reduzido em razão do posicionamento muito específico de cada marca. As marcas tendem a demorar mais para se firmar no mercado, mas seu ciclo de vida tende a ser mais longo, assim como as posições conquistadas tendem a ser mais sólidas.

Outra implicação fundamental diz respeito aos investimentos em comunicação que são mais altos. Cada marca deve ser comunicada de acordo com seu posicionamento e público, o que requer estratégias, linguagens e veículos específicos.

Extensão de linhas

Essa estratégia é compatível tanto com a extensão de marcas quanto com a estratégia de marcas múltiplas, uma vez que não implica novas marcas ou novos produtos. Ela consiste em novas apresentações, modelos, tamanhos, formatos ou embalagens de um produto já existente.

Esse desdobramento de produtos é muito comum nas indústrias de alimentos, bebidas, farmacêuticas e cosméticos. Na indústria do vestuário, por razões óbvias, os diferentes tamanhos são uma necessidade, não caracterizando, portanto, uma extensão de linha. Mas as variações de um mesmo modelo ou as extensões de uma coleção se encaixam nessa estratégia.

Considerações que favorecem a utilização da extensão de linha:

- produtos divisíveis e/ou que permitam múltiplas apresentações ou tipos de embalagem;
- produtos que permitam variações de forma, tamanho, padrão e cor, como carros, vestuário, fogões etc.;

- existência de marcas fortes, sejam elas individuais ou guarda-chuvas;
- boa capacidade instalada, que permita expansão da produção;
- linha de produção flexível, especialmente em relação às adaptações de forma, quantidade e ingredientes ou componentes.

A extensão de linha visa tornar uma linha de produtos a mais completa possível, acompanhando a tendência de alteração progressiva dos hábitos de compra, estilos de vida, consumo ou utilização de segmentos significativos do *target*, posicionando a empresa ou marca de forma dinâmica e diversificada na mente do consumidor.

Essa estratégia é mais eficaz quando se antecipa à concorrência, retirando-lhe participação ou consolidando posição por meio de inovações que tornem a compra do produto mais prática e seu consumo mais adequado, ou que proporcionem maior prestígio ao consumidor.

Algumas implicações mercadológicas do uso de extensão de linhas são:

- o reforço do posicionamento e ampliação da participação de mercado em função de extensões de linha, se bem pesquisadas, planejadas e implementadas;
- a extensão pura e simples, sem representar uma vantagem percebida e, acima de tudo, valorizada pelo consumidor, podendo significar maior custo operacional (criação/produção de novas embalagens, conversão de linhas de montagem) sem a esperada contrapartida nas vendas e, consequentemente, nos lucros;
- a introdução de embalagens de maior capacidade, com acréscimos criteriosos, podendo aumentar o consumo total do produto, desde que haja um benefício de valor perceptível para o consumidor, seja em custo-benefício, seja em praticidade;

- as embalagens alternativas podem permitir uma menor dependência de fornecedores oligopolizados, concentrados ou cartelizados;
- a extensão de linha pode conquistar novos consumidores pela atração a uma determinada especificidade ainda não existente no mercado. Exemplo: amaciante que combate o cheiro de bolor nos tecidos.

Extensão de imagem

A extensão de imagem consiste na ampliação de marcas que extrapola os limites da categoria original do produto. Equivale a "esticar" o guarda-chuva da marca, estendendo uma imagem mais ampla a outras categorias não diretamente relacionadas, para as quais a autoridade da marca possa – pelo menos teoricamente – ser transferida. Essa estratégia é essencial no negócio de *licensing* (licenciamento).

Um exemplo interessante é o licenciamento da marca da modelo, atriz e apresentadora Ana Hickmamn. A marca AH compreende atualmente 13 linhas de produtos licenciados para dez empresas diferentes, e que são negociados em 48 países. São mais de 3 mil produtos, como relógios, óculos, semijoias, vestuário, itens de moda praia e acessórios para cabelos. Apenas com a linha de esmaltes, ela vendeu 6 milhões de unidades no ano de 2014.

Outro exemplo são os licenciamentos e parcerias de marca da *ubermodel* brasileira, Gisele Bundchen, estendida para sandálias, chinelos de praia (com a marca Ipanema) e lingerie (junto com a Hope).

A extensão da imagem também pode ser verificada, como no caso da criação da grife Senna, do piloto brasileiro morto em 1994 nas pistas de Ímola, na Itália, e posteriormente da Fundação Ayrton Senna. Sua imagem de sucesso, precisão, obstinação e seriedade foi, evidentemente, estendida não só aos produtos Senna, como à Fundação e aos projetos sociais por ela apoiados.

O sucesso da estratégia de extensão de imagem geralmente depende de:

- histórico de investimento institucional na marca;
- experiência anterior de uso e gestão da marca em questão, ou de outras, como guarda-chuva;
- força da marca, da empresa ou da pessoa;
- adequação do posicionamento atual da marca em contraposição ao planejado para o novo produto;
- possibilidade bem-avaliada de expansão da autoridade (poder) da marca.

A extensão de imagem visa usufruir do posicionamento da marca perante o consumidor, no que se refere a agilizar o lançamento bem-sucedido de novos produtos, com o mínimo de investimento em comunicação, "pegando carona" em uma imagem forte. Na hipótese de ser possível a extensão da autoridade da marca sem prejuízo ao produto original, esta pode ser uma opção atraente em relação ao lançamento de um produto com uma nova marca. No entanto, trata-se de uma estratégia de alto risco, em que os retornos podem ser altos e os fracassos, grandes.

A utilização da extensão de imagem tem as seguintes implicações mercadológicas:

- o sucesso do produto pode se dar relativamente rápido e com baixo nível de investimentos adicionais;
- a marca pode se fortalecer, ampliando sua autoridade;
- a empresa pode obter um incremento global de vendas e participação de mercado no curto e médio prazos;
- a ocorrência de ampliação da proteção legal da marca original;
- os problemas com a imagem que deu origem à extensão impactam de forma imediata e negativa nos produtos licenciados.

A respeito da questão "problemas com imagem", destaca-se no contexto brasileiro o caso do então apresentador de programa de auditório do Sistema Brasileiro de Televisão (SBT), Gugu Liberato, que esteve envolvido em uma situação de possível fraude durante um de seus programas. Suspeitava-se que um quadro de seu programa havia sido produzido intencionalmente com testemunhas falsas; isso, agregado ao fato de serem supostamente membros de uma então facção criminosa paulistana, o Primeiro Comando da Capital (PCC), constituía-se como um agravante da situação. Ocorre que a empresa Nestlé® vinha utilizando sistematicamente a imagem de Gugu para comunicar sua megapromoção de sorteios de casas, por ocasião de seu aniversário de fundação no Brasil. Certamente houve um grande problema no momento em que a imagem de Gugu e sua reputação foram fortemente atacadas, ainda que pesquisas não tenham sido divulgadas, o "desastre" para a imagem estava feito. A austeridade da Nestlé® não "combinava" com uma dúvida a respeito da reputação de um "porta-voz" importante. Uma das decisões da empresa foi lançar um comercial publicitário para televisão protagonizado pela apresentadora do programa da Rede Globo "Mais Você", Ana Maria Braga, e seu mascote, o Louro José. Ambos, no momento e ainda hoje, preservam sua credibilidade e empatia com boa parte do público brasileiro.[10]

Copaternidade

A copaternidade consiste em associar duas marcas em benefício de uma terceira que se pretende criar. As marcas podem ser de propriedade de uma mesma empresa ou não. É uma tendência relativamente recente, de cunho promocional e, por isso mesmo, com bastante potencial para ser explorada.

No Brasil, há exemplos mais antigos, como o Mix Vigor e o Pauli Croc, que apresentam os cereais Kellogg's associados aos iogurtes produzidos pela Vigor e pela Pauli. A marca Kellogg's, embora não conste no nome do produto, está presente na embalagem.

Outro exemplo foi o surgimento do carro Smart, constituído a partir da associação entre a Swatch e a Mercedes. Aliás, o próprio nome Smart é a somatória das iniciais S (de Swatch) e M (de Mercedes) adicionadas do sufixo "art".

A copaternidade tem um potencial enorme a ser explorado por varejistas e fabricantes na área de marcas exclusivas. A exibição de uma marca do varejista lado a lado com a do fabricante pode reforçar a imagem de exclusi-

---

10 Fonte: <http://www.folha.uol.com.br/folha/cotidiano/ult95u82801.shtml>.

vidade e qualidade da primeira, aliando-a ao reconhecimento, credibilidade, familiaridade e aceitação da segunda.

As principais considerações para o sucesso dessa estratégia são:

- ter marcas fortes, com grande autoridade em suas principais categorias de atuação;
- possuir produtos complementares ou suplementares, que possam se combinar ou se associar para formar um terceiro.

A copaternidade visa criar, a partir de marcas já conhecidas, uma terceira que, desde seu lançamento, seja tão forte ou mais que as marcas que a originaram. A tendência de que dessa combinação seja lançado um produto novo no mercado é bastante grande, de forma a ampliar a área de atuação e o mercado da(s) empresa(s) envolvida(s). Uma condição essencial para o sucesso desse tipo de marca é a existência de sinergia entre os produtos e/ou marcas participantes.

Outra forte motivação é a possibilidade de divisão de despesas de fabricação, marketing, vendas e distribuição em caso de associação de empresas. Há também os possíveis efeitos da curva de experiência e economia de escala, visto que cada empresa entra com o que faz melhor em quantidades maiores que as atuais.

Hierarquia e registro das marcas

Como observamos na definição de marca, uma de suas características é permitir a identificação de um produto, ideia ou empresa. Essa identidade vai permitir certa proteção e individualização do objeto que está impregnado por ela. Para que a marca efetivamente proteja o produto é necessário que haja respaldo legal. No Brasil, como vimos, esse respaldo é obtido por meio do registro da marca no Instituto Nacional de Propriedade Industrial (Inpi), órgão subordinado ao Ministério da Indústria e Comércio ou equivalente.

A obtenção do registro no Inpi atribui à marca o *status* de "marca registrada". Essa proteção legal confere ao proprietário da marca direitos exclusivos sobre sua utilização. Pode ser um nome, logotipo, logomarca, símbolo ou qualquer representação que possa identificar a empresa, o produto ou serviço, desde que a legislação pertinente o(a) reconheça como passível de registro. Concedido o registro, a marca passa a ser propriedade exclusiva da empresa que a utiliza ou pretende utilizá-la.

A LPI – Lei de Propriedade Industrial, no artigo 22, informa que marca é o sinal distintivo visualmente perceptível que identifica, direta ou indiretamente, produtos e serviços.

A lei é reducionista, uma vez que instaura apenas a dimensão "visualmente perceptível" de marca. Como observamos hoje, há um crescente transbordamento das expressividades marcárias para caminhos mais sensíveis, como signos sonoros, olfativos, táteis e mesmo gustativos. Não cabe discussão quanto ao fato de o "plin plin" ser signo identitário, portanto, marca da Globo, ou mesmo o "tan, tan, tan, tan" do Itaú. Ou seja, a lei brasileira precisa se atualizar de modo a obrigar a expansão comunicacional das marcas dos dias atuais.

Souza e Nemer (1993, p. 6) apresentam as funções primordiais das marcas registradas:

- distinguir os produtos e serviços de uma empresa;
- indicar a fonte ou origem de produtos e serviços;
- representar o valor intrínseco da empresa proprietária da marca registrada e servir como indicativo de qualidade de seus produtos e serviços.

Para fins legais, há uma hierarquia, uma relação de subordinação entre as marcas, em ordem decrescente:

- marcas inventadas;
- marcas arbitrárias;
- marcas sugestivas;
- marcas descritivas;
- marcas genéricas.

As marcas inventadas são as mais fortes para registro por não apresentarem um sentido anterior na língua. Seus direitos à proteção são mais óbvios pela originalidade incontestável. Normalmente são palavras que não possuem uma existência, tampouco carga simbólica já estabelecida na mente das pessoas. Podemos citar como exemplos as marcas Zoomp e Santal.

As marcas arbitrárias também são muito fortes, pois criam uma conexão entre a marca e o objeto que representa, sem uma correlação imediata, são discricionárias. O clássico exemplo é o da Apple, e toda a sua comunicação visual, por representar computadores. A relação entre maçã mordida e computadores não é imediata. A maçã, para além de ser uma fruta, possui vários significados simbólicos. No cristianismo, é vista como o fruto proibido. É símbolo dos desejos e tentações terrestres também na mitologia grega. Como fruto da árvore do conhecimento, a maçã representa a divina sabedoria. Nenhum desses significados possui uma relação imediata com uma fábrica de computadores ou com o produto. Não há uma relação entre o significado original do símbolo e o produto representado. Outro exemplo a ser lembrado é do Camel, termo que representa o animal camelo e uma famosa marca de cigarros norte-americana. Outro, ainda, é o do tradicional elefante verde da Cica.

ullstein bild/Getty Images

Embalagens do cigarro Camel.

As marcas sugestivas constituem também marcas fortes, porém possuem menos vigor em relação às anteriores. Como o próprio termo expressa, são marcas que sugerem, indiciam, o uso ou o atributo do produto. A marca Kibon, por exemplo, utilizada pela indústria de alimentos, sugere sabor agradável. A marca Neve, de papel higiênico, remete a alvura, textura delicada, limpeza – atributos essenciais para produtos de higiene pessoal. A Sadia propõe saúde e sabor, relação imediata com produtos alimentícios. Ou ainda a marca Superbom, proveniente de uma indústria de alimentos naturais de origem adventista, que fabrica sucos, mel, maionese, geleias etc.

Legalmente, as marcas que podem apresentar mais problemas para registro são as descritivas. Essas marcas procuram explicar ou descrever a natureza do produto ou serviço ou, ainda, seus benefícios. São estratégias que visam facilitar a comunicação com o consumidor. Porém, inúmeros produtos e serviços podem apresentar os mesmos benefícios. Bombril é um exemplo a ser citado: descreve o resultado da utilização do produto, bom brilho, que diz respeito a um produto de limpeza, lã de aço. Stop & Shop também se enquadra na categoria descritiva, pois se utiliza do termo em inglês – que significa "pare e compre" –, descrevendo a ação do consumidor, uma vez que se trata de uma loja de conveniência.

As marcas descritivas podem gerar problemas de registro por apresentarem características físicas ou atributos do produto. Elas podem, portanto, não desempenhar satisfatoriamente as funções-chave de indicar a fonte ou origem do produto e distingui-lo dos concorrentes.

As marcas genéricas, por sua vez, dividem-se em dois grupos:

- as que são genéricas a partir de sua concepção, como goiabada, marmelada e outros itens que não apresentem qualquer sinal que os diferencie;
- as que se tornaram genéricas por sua "vulgarização" ou popularização, como "tênis", marca originalmente registrada pela São Paulo Alpargatas, que perdeu seu direito à proteção por ter ingressado no linguajar popular como sinônimo de "calçado esportivo".

A generalização da marca, no segundo caso, dá-se à revelia da empresa, por descuido ou uso inadequado, por exemplo: a marca tornou-se tão popular que passou a ser utilizada como sinônimo do produto, vulgarizando-se. Quando isso ocorre, a empresa arrisca-se a ver sua marca cair no domínio público, podendo ser usada como nome do produto, lado a lado com a marca de outra empresa, o que provoca a perda de todo o investimento de anos na formação e manutenção de sua imagem.

No mercado internacional, algumas marcas já perderam o direito à proteção legal exclusiva em função de sua popularização. São exemplos: Aspirina, Celofane, Modess, Chicletes, Cotonetes, entre outros.

Além das marcas descritivas e genéricas, há outras categorias consideradas fracas do ponto de vista legal, devendo ser evitadas sempre que possível. Essas categorias, além de serem consideradas não distintivas, normalmente não se prestam à função de identificar a fonte ou a origem do produto. As mais comuns são:

- nomes laudatórios, como termos excessivamente elogiosos, adjetivos etc., como, por exemplo, Dengosa, Fascinante, Beleza etc.;
- nomes geográficos, como "A Paulistana", "O Italiano";
- sobrenomes comuns, como, por exemplo, "da Silva";
- letras e numerais, especialmente quando desconectados de um significado explícito.

Marca de alto renome e marca notória

Dentro desta concepção legal das marcas, destaca-se também o conceito de "marca de alto renome". Segundo o Inpi, em seu artigo 125, marcas de alto renome são aquelas amplamente conhecidas pela população, que merecem, portanto, uma proteção especial que engloba todas as classes de serviços e produtos. Em recente revisão geral desta matéria, pouco mais de 15 marcas mantiveram o estatuto de "alto renome" no Brasil. Podemos citar as marcas Pirelli (mista), Hollywood (nominativa), 3M (nominativa), Kibon (nominativa),

Natura (nominativa), Moça (nominativa), Bombril (mista), Barbie (nominativa) e Fusca (nominativa). A lista completa poderá ser consultada no site do Inpi.

Certamente, a condição de "alto renome" amplifica a proteção legal da marca, no sentido que ocorre o reconhecimento oficial de seu transbordamento mercadológico. A marca de alto renome é muito mais que um sinal que identifica e diferencia produtos ou serviços, é, sim, um signo da cultura em diálogo permanente com as pessoas que compartilham e comunicam seus códigos. Facilita a expressão da identidade de seus públicos e auxilia no entendimento dos valores sociais e favorecem o entendimento e as conquistas aspiracionais. Um conceito coadjuvante ao alto renome é a marca ícone, muito bem explorada nas reflexões de Douglas Holt (2006) em seu livro *A marca ícone*.

Já as marcas notórias (artigo 126 da LPI) são aquelas notoriamente conhecidas em seu ramo de atividade e que possuem proteção especial, independentemente de estarem previamente registradas no Brasil. Possuem proteção territorial internacional, alcançando países signatários da União de Paris, mas a proteção material é restrita à respectiva classe de atividade (princípio de especialidade).

No próximo capítulo, faremos uma reflexão mais aprofundada a respeito do nome das marcas, com abordagens semióticas, mercadológicas e antropológicas que auxiliarão na identidade da marca e também no seu registro.

2

EXPRESSIVIDADE E SENSORIALIDADE DA MARCA

MARCA: UMA ENTIDADE PERCEPTUAL

As marcas se expressam, se dão a ver, se mostram de diversas maneiras, com o objetivo de potencializar seus efeitos de sentido e facilitar os vínculos com as pessoas. Esses elementos de expressão marcária são levados às mídias audiovisual ou só de áudio, impressa, exterior, digital, às ruas, comunidades, com a intenção de penetrar em nossos sentidos e causar sensações agradáveis e até afetivas que nos levem a uma aproximação. O objetivo é estabelecer uma conexão – e se esta for emocional, tanto melhor.

As marcas se expressam por meio do nome que apresentam, do logotipo, dos símbolos, da forma e do design dos produtos que encarnam, da embalagem e do rótulo, da cor, do slogan, do jingle, da personalidade, do personagem que representa, de uma mascote, além de outros recursos sensoriais, como sons, fragrâncias, texturas e do contexto organizacional, envolvendo os funcionários e os parceiros e suas relações com o meio social. A utilização de uma ou outra forma de expressão depende do tipo de produto, de consumidor e dos objetivos organizacionais. Há empresas que se utilizam de todas as formas de expressão da marca com a finalidade de dar maior abrangência à sua comunicação. Até porque os mecanismos de avaliação e controle da eficácia comunicacional em cada tipo de expressividade e veículo não são uma tarefa fácil por envolver inúmeros elementos subjetivos e, portanto, incontroláveis do ponto de vista de sua mensuração.

Questões relacionadas a sabor, aroma, textura, sons etc. também formam impressões em nossa memória, porque são responsáveis por associações mentais que colaboram para a construção de sentido. E, dessa perspectiva, são elementos de identidade e expressividade marcária.

Uma marca existe em um espaço psicológico, na mente das pessoas, dos consumidores e não consumidores. Consiste em uma entidade perceptual, com um conteúdo psíquico previamente definido, mas que é absolutamente dinâmico, orgânico e flexível. A publicidade é o meio que nos permite ter acesso às pessoas, criar o "estoque" perceptual de imagens, símbolos e sensações que passam a definir a entidade perceptual que chamamos marca. Dentro desse espaço perceptual da marca podemos criar mundos imaginários sedutores, fábulas, sonhos e personagens míticos que, graças às ferramentas e estratégias do ecossistema publicitário ficam associados ao produto e que finalmente passam a definir a marca.

O espaço perceptual da marca pode ser utilizado como um espelho que reflete o estilo de vida e os valores do consumidor atual ou potencial. Uma marca pode funcionar como portadora de projeções na qual o anunciante, a empresa e a agência vislumbram os valores e as sensibilidades do consumidor, ou como um distintivo, um meio de expressar e de reforçar nossas identidades pessoais e culturais. Cada marca tem sua própria mitologia de marca, com seu próprio e único inventário de imagens reais e mentais, símbolos, sensações e associações. Nossa atenção deve estar voltada para a avaliação dessa construção simbólica, e para isso analisaremos os elementos da expressividade e da sensorialidade das marcas capazes de dar início à rede de associações positivas que se pretende e sustentá-las no tempo.

Nome da marca

Nomen omen
...o nome é um presságio...

O nome é um designativo, um sinal, que prenuncia um caminho, dá uma ideia, nos leva, muitas vezes, a um entendimento prévio a respeito daquilo a que estamos nos referindo.

O nome, na perspectiva mercadológica, é a parte da marca constituída de palavras ou letras que compreendem uma designação usada para identificar e distinguir as ofertas da empresa e as dos concorrentes.

O nome de uma marca é um tipo de nome próprio, porém diferente dos nomes das pessoas. É possível haver vários "Ricardo" ou "da Silva", enquanto os nomes das marcas só podem designar uma única entidade. Imaginariamente, a marca desempenha o papel de criador do produto, ideia, processo, atribuindo-lhe identidade e capacidade de identificação.

Os nomes podem ser produzidos mediante diferentes mecanismos linguísticos e, portanto, adotam diferentes aspectos: desde um signo arbitrário abstrato até uma expressão claramente denotativa da identidade da empresa, passando por uma ampla gama de variantes intermediárias.

Com o decorrer do tempo o nome da marca se desliga do fabricante e ela passa a ser vista como a produtora de discursos com objetivos e valores específicos, cabendo essa tarefa de amplificação do seu escopo à publicidade.

Os nomes dos produtos às vezes se tornam tão fortes que podem passar a designar o nome da categoria, transformando-os em metonímia de uma classe específica de produtos, conforme explicamos anteriormente, nos casos de Bombril e Gillette, entre outros.

Muitos nomes de marca são tirados do próprio léxico da língua, enquanto outros têm, por exemplo, o nome do fundador. O que conta na verdade são os efeitos que esses nomes são capazes de gerar dentro do processo de comunicação.

Uma tipologia empírica que recorra às modalidades de denominação institucional predominante poderia compor-se de dez tipos básicos e suas formas mistas de apresentação:

- **nomes descritivos**: dizem respeito a uma enunciação sintética dos atributos ou benefícios da identidade da empresa. Exemplos: Banco Interamericano de Desenvolvimento e Museo Español de Arte Contemporáneo;
- **nomes simbólicos**: fazem alusão à empresa ou produto mediante uma imagem literária construída. Exemplos: Visa, Ninho, Camel (1913), Rede Globo e Mo ntblanc (1908);
- **nomes patronímicos**: fazem alusão à instituição mediante o nome próprio ou o sobrenome de uma personalidade-chave da própria instituição: dono, fundador, familiares próximos etc. Exemplos: Mercedes-Benz (1901), Rockefeller Foundation, Banco Herrero, Fundação Roberto Marinho, Johnson & Johnson, Ford, Instituto Ayrton Senna, Ferrari, Turma da Mônica, Dunhill (1893, Alfred Dunhill), Colgate (1835, de Samuel Colgate), Nestlé® (1867, de Henri Nestlé) – ou ainda a marca mais que "cinquentona" da boneca Barbie, que é o diminutivo de Bárbara, filha de um dos donos da Mattel, Elliot Handler;

- **nomes toponímicos**: estabelecem uma ligação com o lugar de origem ou a área de influência da empresa. Exemplos: Banco Santander (uma província espanhola), Aerolíneas Argentinas, British Telecom, Portugal Telecom, Caninha Pirassununga etc.;
- **nomes do léxico**: são retirados do léxico da língua, no nosso caso, da língua portuguesa. Exemplos: Vivo, Oi, Claro.
- **contrações**: construção artificial mediante iniciais ou fragmentos de palavras, com leitura individualizada de cada letra. Exemplos: IBM, 3M, LG, EDF, BMW etc.;
- **contrações como palavras**: FIAT (Fabbrica Italiana di Automobili Torino, 1899); BASF (Badische Anilin & Soda Fabrik, 1865); ELF (Essence et Lubrifiant de France, 1967);
- **nomes inventados**: criações originais que não encontram na língua um sentido prévio; assim, Zoomp poderia se caracterizar como um exemplo dessa possibilidade nominativa, além de Lycra (1960), marca de propriedade da DuPont.
- **nomes numéricos**: são marcas criadas a partir de composição numérica. Um exemplo interessante é o caso do restaurante 348, de origem argentina.
- **nomes invertidos**: tipicamente brasileiros e especificamente nordestinos, com maior incidência no Ceará. Trata-se de criar marca a partir da inversão/espelhamento de nomes próprios ou do léxico da língua. Por exemplo, AZERET (a loja de Tereza), OGAIT (a grife do Tiago), REBUALF (bolsas do Flauber).

Há nomes inventados que percorrem uma imensa rede de significações e correlações. O exemplo é a marca Danone, inventada em 1919 por Isaac Carasso a partir do diminutivo, em catalão, do nome de seu filho Daniel. A marca deu origem ainda a outras como Dany e Danette.

Contamos ainda com inúmeras outras possibilidades de variações para criação de uma marca utilizando-se de recursos mistos e de inventividade. Exemplo Alfa-Romeo (1909). Alfa significa Anonima Lombardo Fabbrica Automobili e Romeo é patronímico de Nicola Romeo.

Divulgação

Quem disse, Berenice? Estratégia de nome pouco usual, mas com sonoridade excepcional pela reiteração e questionadora na origem – adequada ao posicionamento feminino jovial.

Maingueneau (2002) propõe outra classificação: as siglas, os nomes humanos e os nomes evocadores. As siglas dizem respeito ao agrupamento de letras que passam a ser usadas de forma autônoma e que são relacionadas a um grupo de palavras que lhe deram origem, como, por exemplo: International Business Machine (IBM). Nomes humanos são aqueles que por meio do uso linguístico confere aos seres coletivos o mesmo tratamento dispensado aos seres singulares: "Comprei minha calculadora no Roberto" ou a "Citroën não quer acionar a garantia". Normalmente se privilegia o patronímico (nome de família), como, por exemplo, Peugeot, ou associam-se prenome e patronímico: Johnnie Walker, Christian Dior, Paloma Picasso etc. O uso somente do prenome não é de praxe. Reserva-se a apenas alguns produtos ligados à intimidade ou a situações de extrema proximidade. "Vou comprar a minha calculadora no Roberto" (pressupõe-se que Roberto seja muito próximo e que os ouvintes também saibam disso). Os nomes evocadores, como designados por Maingueneau (ibidem), são aqueles que propagam as características dos produtos ou da empresa dentro do discurso publicitário. As designações são neológicas ou desviadas. As designações neológicas podem ser construídas por meio da combinação de uma palavra do léxico com outros elementos sem valor referencial específico, como, por exemplo: Toque de Amor. As designações desviadas são mais frequentes; utilizam o significado ligado a uma unidade existente, quer se trate de nomes que fazem parte da competência linguística (Natura) quer de nomes próprios que fazem parte da competência enciclopédica ou repertório (Atenas, por exemplo). Essa estratégia tem a vantagem de se apoiar sobre termos que já possuem uma carga semântica forte. Suponhamos que Atenas seja uma marca de perfume. É provável que se enfatizem na publicidade traços semânticos ligados à deusa Atenas – feminilidade, classicismos ou a Grécia – à Antiguidade, à racionalidade etc. Nesse caso, realiza-se uma verdadeira obra sobre as conotações associadas pela história às unidades lexicais. Aliás, os perfumes muito se utilizam da categoria de nome de marca, chamada "designações desviadas". O perfume Trésor da marca Lancôme é outro exemplo. A palavra, cujo significado em português é tesouro, é desviada para o produto trazendo consigo uma forte carga semântica já existente: tesouro – riqueza, inesperado, beleza, brilho, surpresa... E, evidentemente, nesse caso, como em tantos outros, para o consumidor brasileiro essa carga semântica só fará sentido se seu repertório for amplo o suficiente para saber que Trésor significa tesouro em francês, o mesmo ocorrendo com Samsung (três estrelas, em chinês) ou Volkswagen (carro popular, em alemão).

Andrienko Anastasiya/ Shutterstock

Anúncio do perfume Trésor, da Lancôme: "O amor é um tesouro".

Não basta criar um bom nome para um produto ou categoria, é preciso "elaborar os discursos que sustentam essa denominação" (Maingueneau, 2000, p. 210).

Nesse sentido, a Natura assume características humanas, como, por exemplo: "Natura traz para você..." As metonímias estão muito presentes: "Eu só compro Natura". Nesse caso, Natura não se refere à empresa, mas aos produtos (metonímia do produtor pelo produto).

Logotipo

O logotipo é a chave de acesso imediato ao universo representativo da marca. Provido de facilidades sígnicas, ele deve reunir a essência do que se quer comunicar. Percebemos, assim, a fundamental relevância desse elemento sígnico nos processos comunicacionais das organizações, cujos aspectos históricos e semióticos passaremos a analisar mais detidamente.

O conceito de logotipo baseia-se em duas origens fundamentais: uma grega e a outra vinculada à tipografia. Em grego, o elemento logos significa fala, palavra ou discurso. Na tipografia, o termo *logo* designa um conjunto de signos tipográficos reunidos em um só bloco indissociável, ao passo que o termo inglês *type* designa um conjunto de caracteres tipográficos. De acordo

Divulgação

Logotipo e símbolo da Natura.

O logotipo aparece, assim, como um segundo plano de individualização da marca, análogo ao que no indivíduo é a assinatura do seu nome. Nessa direção reflexiva, Chaves (1998, p. 43) define o logotipo como *"la versión gráfica estable del nombre de marca"* (a versão gráfica estável do nome da marca).

Parece-nos claro que, além de sua função verbal, o logotipo possui uma dimensão semiótica não verbal, icônica, que incorpora, por conotação, significados complementares ao próprio nome.

Essa função se cumpre não apenas nos casos de alfabetos especiais, animados, historiados ou caracterizados, mas também nos de famílias tipográficas padronizadas ou convencionalizadas. A opção tipográfica adequada – mediante seleção ou desenho de alfabetos – permite explorar essa "segunda camada" de significações como um adicional semântico enriquecedor das funções identificadoras do logotipo.

No plano estritamente formal, o campo de seleção inclui todas as famílias tipográficas e suas possíveis combinações e manipulações, as transgressões das normas gráficas, as incrustações de ícones, as formas ambíguas iconotipográficas etc.

A essas variações se agregam as correspondentes ao plano cromático e textual, o que faz – apesar das limitações impostas pelo próprio código da escrita – as variações possíveis serem praticamente infinitas. De acordo com Delorme (1999, p. 20-25), as principais formas em que os logos se apresentam são:

- logo para decifrar: constituído de signos alfanuméricos;
- logo para olhar: constituído de um visual iconográfico;
- logo para decifrar e olhar: composto por uma imagem visível e um texto para olhar.

Muitos logos constituem-se a partir das iniciais dos produtos e serviços oferecidos e são lidos como letras, separadamente: IBM, 3M, LG, BMW etc.

Os chamados logos *d'acroyme* (Delorme, 1999, p. 20) são formados pelas iniciais, porém lidos como palavras. Exemplos: ONU (Organização das Nações Unidas) – Brasil e Cedex (Courrier D'Entreprise à Distribution Exceptionnelle) – França, Fiat (Fabbrica Italiana di Automobili Torino), Itália, 1899.

O logo pode ser definido ainda como a imagem da palavra. Nesse caso, cada palavra possui sua própria imagem tipográfica.

Muitos logos são constituídos de deslocamentos de figuras que podem ser abstratas ou imitativas. A figura abstrata é aquela cujo conceito é designado pela sua forma, enquanto na imitativa o conceito refere-se a um objeto independente da forma. Na figura imitativa há uma relação entre os estímulos selecionados no ato de percepção direta ou na lembrança de algum objeto, fazendo que o conceito desse objeto seja transportado à mente.

Uma questão bastante presente nas discussões da comunicação organizacional e também na dos pesquisadores é a distinção entre logotipo e logomarca. Strunck (2001, p. 70-75) faz a seguinte avaliação: "logotipo é a particularização da escrita de um nome. Sempre que vemos um nome representado por um mesmo tipo de letra (...) isso é um logotipo (...) o logotipo sempre tem letras". E completa: "muita gente chama o símbolo de logotipo. Outros chamam de marca (...) **marca é um nome**. Posso dizer que gosto de sorvetes de marca Kibon, cujo logotipo é Kibon, e que tem um coração como símbolo. Logomarca (...) podemos empregá-la como um sinônimo para logotipo". Percebemos que o autor assume a intercambialidade dos termos logotipo e logomarca, mas refuta incontestemente a utilização da simbologia como integrante da logotipia. Na verdade, logomarca é um neologismo, sem fundamento reflexivo.

A Volkswagen,[1] que em alemão significa "carro do povo", construiu um logo que resiste à fragmentação, conforme pode ser observado na imagem ao lado.

Uma característica importante de um bom logotipo é sua capacidade de reconhecimento, mesmo em fragmentos.

Divulgação

Exemplo de logo forte e autêntico.

1 Empresa fundada em 1937, na Alemanha. Presente no Brasil desde 1953, com quatro unidades industriais nos estados de São Paulo, Rio de Janeiro e Paraná, emprega 29 mil funcionários. Seu faturamento no país é de R$ 10 bilhões anuais.

Outro exemplo de resistência à fragmentação é o do logotipo Coca-Cola (criado em 1886), de estilo Art Nouveau, cuja principal característica é a linha ondulante e assimétrica. Desenhada por Frank Robinson e patenteada em 1893, tornou-se internacionalmente conhecida. A marca Coke foi atribuída à Coca-Cola, por decisão judicial, apenas em 1920.

Além das características descritas anteriormente, podemos dizer, de modo resumido, que o protótipo de um logo deve apresentar: relevância cultural, conexão (diálogo entre o referente e o público) e impacto social.

Símbolo

A parte não verbal de expressão de uma marca é invariavelmente um símbolo. No exemplo anterior da marca Kibon o símbolo é o coração duplo, que unificou todas as marcas de sorvetes da Unilever no mundo.

Baseado no estudo de Lessa (1995), cabem aqui algumas considerações a respeito das figuras imitativas que podem se espraiar aos símbolos gráficos marcários. Podemos considerar três possibilidades básicas de tratamento gráfico dado às figuras imitativas pelas organizações:

- verossimilhança;
- simplificação;
- estilização.

A verossimilhança ocorre quando as imagens mais se parecem com o objeto. Em função da precariedade dos meios gráficos, a tendência ao tratamento procurando o máximo de semelhança com o real é pouco utilizada pelas empresas.

A simplificação provoca o afastamento da representação e do objeto. Procuram-se captar relações e funções em vez da forma aparente, estando em jogo a economia de elementos gráficos. Há simplificações em diversos graus; silhuetas, por exemplo, são um tipo de simplificação. O processo de simplificação é muito utilizado na comunicação empresarial por acreditar-se na sua facilidade de implantação e de memorização.

A supressão, o acréscimo ou, principalmente, a modificação de traços distintivos configuram-se como estilização. O objetivo da estilização é provocar um estranhamento no reconhecimento do objeto. O exagero é um importante recurso dessa tendência, que abrange desde a humanização de animais e objetos, próprio das histórias em quadrinhos, até as deformações expressionistas. Estão nessa categoria todos os bonecos e caricaturas, que são imagens de classificação particularmente problemática.

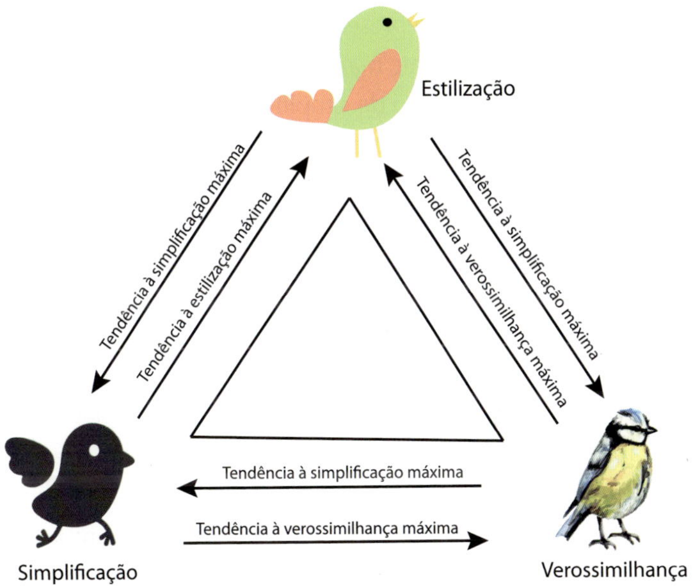

PinkPueblo, Oksana Alekseeva e JoeBakal/Shutterstock

Diagrama contendo os três tipos de tratamento gráfico.
Fonte: Lessa (1995, p. 90).

O diagrama coloca nos três vértices de um triângulo imaginário os três tipos possíveis de tratamento gráfico. Cada vértice representa uma tendência de polarização, pois é impossível a existência de qualquer um desses tratamentos sem a presença de algum aspecto típico dos outros dois. Primeiramente analisaremos a questão da verossimilhança. Sempre existirá alguma verossimilhança em imagens imitativas, simplificadas ou estilizadas. De modo inverso, estará sempre em jogo algum tipo de seleção diante das possibilidades de percepção para a produção de uma imagem bastante verossímil do percebido. Em contrapartida, a simplificação é um tipo de estilização particular, assim como a estilização envolve a simplificação, e assim por diante.

Podemos dizer então que as várias formalizações possíveis de figuras se distribuem no interior desse triângulo, cada ocorrência apresentando, ao mesmo tempo, mas com pesos diferentes, as três tendências de tratamento gráfico.

Deve ser indicado que a gama de diferenciações possíveis entre os infinitos objetos existentes evidencia que alguns deles apresentam um potencial maior para a representação do que outros. Entre uma árvore e um anel, por exemplo, podemos dizer que o primeiro objeto tende a possuir maior número de representações do que o segundo. Além disso, considerando os vértices do triângulo virtual existem mais maneiras de se representar visualmente uma árvore do que um anel. A estrutura visual relativamente mais complexa da árvore enseja um número maior de etapas em um processo de simplificação progressiva, por exemplo. O que ocorre de modo similar com os outros pares de vértices.

Analisando o que nos propõem Chaves (1998, p. 41-100) e Delorme (1999), acrescentando nossas pesquisas empíricas, concluímos que os principais critérios de qualidade de um símbolo são:

Originalidade para se distinguir

O símbolo deve expressar um sentido; mais que um simples desenho, ele tem por função a identificação. O sentido do simbolo deve ser facilmente percebido. Contrariamente à obra de um artista plástico, ele é uma obra de arte com uma aplicação útil, mais técnica que artística. O simbolo participa da realização dos objetivos, notadamente comerciais, industriais, culturais e dos demais setores de atividade da organização.

Capacidade, reconhecimento e memorização

Tendo em conta que o simbolo possui uma função primordial de identidade, ele deve ter legibilidade e visibilidade. Normalmente, o símbolo, para tornar-se autônomo, foi midiatizado ao longo de anos acompanhado do logotipo.

Flexibilidade e versatilidade, possibilitando ser reproduzido em qualquer meio

O símbolo deve possibilitar sua reprodução em qualquer formato ou processo, desde um selo postal a fotografias em preto e branco e no digital. A aplicação diretamente e no digital em qualquer suporte é necessária para criar adaptações gráficas específicas, notadamente no que concerne a espessura, densidade, dégradé, justaposição de cores e texturas. Com o avanço tecnológico na área têxtil, por exemplo, cada vez mais encontramos diversidades de materiais que possibilitam a aplicação de símbolos com objetivos promocionais. Os problemas normalmente mais comuns dizem respeito à aplicação de símbolos excessivamente detalhados em materiais com relativa flexibilidade, como, por exemplo, o couro. Símbolos excessivamente rebuscados não são aplicáveis a qualquer material, o que dificulta a texturização. No exemplo do couro mencionado aqui, a tentativa de confecção de agendas personalizadas como ferramenta promocional pode, em alguns casos, ser inviabilizada, especialmente quando se pretende aplicar o símbolo, ou mesmo o logotipo, na capa.

Coerência com o discurso global da organização

Deve haver coerência entre o discurso da empresa e o do símbolo. Uma empresa que se mostre moderna, inovadora e criativa não pode ter um símbolo que expresse, por exemplo, serenidade, burocracia, tradicionalismo etc. O oposto também é verdadeiro: empresas ou produtos tradicionais e austeros não podem se expressar com excessivo arrojo em sua identidade visual. Deve-se manter uma conexão coerente entre o discurso organizacional e a sua expressividade simbólica, de modo a potencializar os esforços de aproximação com o seu target e não causar dissonâncias.

Encarnação da imagem da empresa

O símbolo é a síntese da imagem da empresa ou de um produto. Assim, a identidade da empresa deve estar identificada, sem hesitação, na imagem do símbolo. A ideia de encarnar é adequada porque evoca a noção de estar dentro, incorporar, colar, indissociar, e é exatamente isso que o símbolo deve ser – parte da totalidade, integrado e significante.

Resistência à fragmentação

Resistir à fragmentação é um controle de valor da percepção da identidade visual. Um símbolo forte e autêntico é reconhecível e identificável mesmo em fragmentos. O teste se aplica especialmente a símbolo de grande difusão.

Simonson (2000, p. 106) apresentam o exemplo da modelo Cindy Crawford – um dos elementos de identidade da marca Revlon –, "que não retira a pinta ao lado da boca porque ela a torna ainda mais atraente; seus traços simétricos são realçados pela assimetria do sinal em um lado do rosto". De alguma maneira a simetria cria ordem e alivia a tensão, ao passo que a assimetria tem efeito oposto, criando agitação e tensão – no entanto, muitas vezes uma ligeira tensão salva uma imagem visual da total monotonia.

A simetria geralmente é justaposta a um traço de assimetria para criar o sentido de equilíbrio com um toque de estímulo ou movimento. Vemos isso em displays ou mostradores de relógios. Em anúncios, folhetos, catálogos e outros displays, relógios e ponteiros de relógios são colocados na posição 10-2 (simetria no eixo vertical) com um toque de movimento proporcionado pelo ponteiro de segundos em 35 segundos, passando ligeiramente o eixo de simetria (a marca de 30 segundos). A maioria das outras combinações poderia criar simetria parcial, como 9-3 com o segundo ponteiro na marca de 60 segundos. Existe uma simetria vertical oposta perfeita, equivalente a 8-4 e 60 segundos, que é usada pela Mercedes-Benz como sua simbologia máxima.

Lessa (1995, p. 76) nos diz que simetria "é uma correspondência em grandeza, forma e posição relativa de partes ou elementos situados em lados opostos de uma linha ou distribuídos em volta de um centro". Com uma definição bastante simples de simetria o autor extrapola o conceito diferenciando dois tipos básicos: simetria por espelhamento e simetria por rotação.

Na simetria por espelhamento as partes ou os elementos encontram-se rebatidos entre si como figura e sua imagem refletida em espelho. Na simetria por rotação, as partes ou os elementos dispõem-se em torno de um ponto e apresentam deslocamento em que esse ponto está na mesma posição relativa para cada parte ou elemento. Na dependência do número de eixos da simetria, ou do número de ângulos iguais em que o espaço é dividido a partir do ponto, essa simetria apresenta várias ocorrências: rotação de 180º, 120º, 90º etc.

Hurlburt (1999, p. 56) traz algumas considerações importantes a respeito da assimetria, da perspectiva histórica:

> (...) enquanto o Império Romano expandia no continente europeu o conceito clássico da simetria, no Japão desenvolvia-se uma nova

> visão da forma arquitetônica. Obrigados a recorrer – por suas condições ambientais e geológicas – às estruturas de madeira, em vez de pedra, os japoneses projetavam suas construções com um sentido de abertura e de inter-relacionamento com a natureza, muito mais do que com a preocupação de ordenar o espaço interior.

Segundo o autor, a consequência dessa conduta fez que se constituísse uma estrutura formal deliberada e cuidadosamente baseada em um design assimétrico. Da arquitetura, a assimetria invadiu toda a amplitude do design japonês. A assimetria chega ao Ocidente muitos anos depois.

Proporção

Proporção configura-se como a relação das partes de um todo entre si, ou entre cada uma delas e esse todo, no que se refere a tamanho, quantidade ou grau. Dizemos ainda que a proporção se refere à relação entre as partes de um todo que provoca um sentimento estético de equilíbrio, de harmonia.

A proporção é outra variável importante da forma e do design que influencia fortemente a maneira com percebemos o mundo à nossa volta e nos comunicamos com ele. Formas angulares longas e formas oblongas, que prevaleceram durante o período da arte barroca, estendem o campo de visão, parecendo captar mais de uma determinada cena e criando uma estética dominante. Formas angulares curtas podem parecer mais tímidas e suaves. Como formas arredondadas, proporção e simetria geralmente se misturam, já que formas circulares parecem menos poderosas que as oblongas, mas criam percepções de harmonia, de suavidade e de perfeição.

Tamanho

A personalidade muitas vezes reflete-se em determinadas formas. Isso fica facilmente aparente quando colocamos a dimensão tamanho em evidência. Formas grandes, compridas ou largas costumam ser percebidas como poderosas e fortes, ao passo que formas pequenas, curtas ou finas parecem delicadas e frágeis. Ninguém entendeu melhor esse princípio que o pintor holandês Piet Mondrian, cujas linhas pretas grossas delimitando grandes quadrados e retângulos azuis, vermelhos e amarelos inspiraram o design de muitos bens de consumo, incluindo cortinas de banheiro, toalhas de praia e produtos para cabelos da linha L'Oréal Studio. Com suas formas largas e angulares, o design desses produtos projeta força, energia e eficácia.

The Advertising Archive/Alamy/Latinstock

Embalagem do Gel Studio da L'Oréal: inspiração mondriana.

Mais do que outras dimensões de forma, a maneira de construir e avaliar o tamanho varia surpreendentemente de acordo com padrões culturais e regionais. No Ocidente, o tamanho pequeno em geral é visto como possuidor de pouca importância – alguns heróis nacionais norte-americanos são exemplos dessa preferência cultural por grandeza. Em contrapartida, no Oriente, proporções grandes costumam ser vistas como estranhas e pesadas. Em qualquer região, o efeito de tamanho pode variar; por vezes, o robusto é considerado abrutalhado e obtuso, enquanto o delgado é visto como metódico e inteligente.

O poder das formas em uma estratégia estética é extraordinário; ele está diretamente relacionado com a distinção que a forma pode proporcionar. Essa identificação, por sua vez, relaciona-se com a amplitude exclusiva da forma com que a empresa ou a marca se expressa.

Uma forma pode ganhar vários significados, dependendo do contexto em que apareça. A forma sozinha de uma marca registrada ou de um emblema raramente identifica um produto ou empresa específicos de maneira inconfundível. Portanto, o objetivo não é criar uma marca ou um logotipo para combinar com determinado produto, e sim unir uma forma potencialmente apropriada a um produto. Ou seja, evitar que sejam feitas combinações pobres de formas é o objetivo-chave de sua análise em identidade corporativa e de marca.

Quando nos referimos a forma da perspectiva da comunicação de produtos e marcas estamos incluindo também o design. O conceito de design muitas vezes é objeto de confusão porque nem sempre fica claro o que se quer dizer com esse termo. Encontramos diversas opções: design = projeto, plano, esboço, desenho, croqui, construção, configuração, modelo.

Daí, podermos deduzir que o design é uma ideia, um projeto ou um plano para a solução de um problema determinado. O design consistiria então na corporificação dessa ideia para, com a ajuda dos meios correspondentes, permitir a sua transmissão aos outros.

Assim, o conceito de design compreende a solução de um problema em forma de projetos ou de modelos, mediante a construção e a configuração resultando em um produto industrial passível de produção em série. O design estaria então realizando o processo configurativo. Apesar de forte relação industrial, design é, genericamente, forma, contorno, silhueta dos objetos.

As fases do processo industrial são denominadas design, tanto em nível parcial como na totalidade do processo. A confusão cresce ao ampliarmos ainda mais o conceito e considerarmos que o design também é a produção de um produto ou de um sistema de produtos que satisfazem às exigências do ambiente humano. Aqui podemos afirmar que o termo design é apenas um conceito geral que responde por um processo mais amplo. Ele começa pelo desenvolvimento de uma ideia, podendo concretizar-se em uma fase de projeto, e sua finalidade seria a resolução dos problemas decorrentes das necessidades humanas.

O conceito de design traduz-se como configuração (*Gestaltung*, em alemão, termo originalmente utilizado antes da adoção do design). A configuração com conceito geral mais amplo pode ser o processo de materialização de uma ideia. Design e configuração são conceitos gerais mais amplos, em que o objeto da configuração permanece em aberto. Ele se tornará mais específico quando o conceito de design se relacionar com outro conceito, com alguma ascendência sobre ele, que será o objeto do design.

O design em nosso ambiente atual é o resultado da soma de múltiplos fatores, que se estabeleceram por meio dos processos de planejamento, de configuração e de produção, independentes uns dos outros. Essas ações não coordenadas apresentam, em certas ocasiões, efeitos secundários negativos, decorrentes da falta de uma solução global do problema. Tais aspectos negativos, como a poluição ambiental, a exploração sem limites das matérias-primas, a sobrecarga do meio ambiente com a superprodução, entre outros, não podem ser eliminados totalmente. Por isso é essencial compreender que, no futuro, as ações individuais deverão ser sintonizadas umas com as outras a fim de evitar um caos ainda maior. Em cada projeto devemos questionar em primeiro lugar a importância que ele terá para a sociedade, se o resultado do processo de planejamento e de configuração é sensato, e se há aspectos negativos a considerar.

É opinião corrente que o homem influi em seu ambiente e o modifica mediante sua atuação. Com respeito à relação configuração/design, é importante esclarecer quais são as motivações do homem para influir em seu meio ambiente a fim de configurá-lo. Tudo que vive e continuará a viver possui necessidades inerentes. As necessidades se tornam reconhecíveis mediante os estados de tensão que governam a conduta do ser humano e o resultado da sensação de uma deficiência que se tenta sanar. A aparição de necessidades nem sempre tem lógica, especialmente quando outras atividades ou processos têm preferência ocasional. Por exemplo, a necessidade de uma atividade de lazer ou de recreação surge após um extenso período de trabalho.

No fim do século XX e início do século XXI, muito se tem ouvido falar do design sensorial como a grande força no estabelecimento da identidade marcária, especialmente de produto. A ideia subjacente é a de que o design é capaz de criar emoções, experiências sensoriais e, finalmente, gerar vendas. Nestes anos de grande efervescência tecnológica que traz consigo a frieza deste mundo, surge a necessidade de um toque humanista nos objetos que facilite as conexões afetivas com os consumidores.

Recentemente, em um workshop da marca Gradiente, muito se questionou a importância da potência do som para os aparelhos destinados aos jovens e, para espanto de todos, a potência passou a ser um aspecto de importância secundária, ao passo que o design do produto tornou-se o grande fator determinante de compra. Esse deslocamento explica-se, em parte, em razão de a potência estar mais homogênea – já se espera uma potência "x" (razoável) para qualquer aparelho de som, mas a força do design cativa outras questões relacionadas ao envolvimento e ao uso do produto. Cada vez mais os jovens ouvem som em seus quartos, presos pela violência das cidades. Em razão dessa nova situação, a potência passou a ser minimizada e, como o quarto tornou-se uma célula independente do restante da casa, com personalização máxima e total expressão da identidade do jovem, o design do aparelho de som se revela com toda a força.

Formas mais orgânicas e arredondadas têm sido a tônica na área de desenvolvimento de produtos, desde automóveis, escovas de dente, máquinas de lavar roupa, computadores e produtos de limpeza até na arquitetura, em que construções mudam completamente as paisagens das cidades imprimindo valores distintivos.

Embalagem e rótulo

A embalagem constitui-se em um limiar semiótico entre o objeto e o sujeito, seu intérprete. Consiste em uma fronteira que, como tal, se revela como primeiro ponto de contato em muitas situações de consumo. É um importante elemento da expressividade marcária, especialmente para os produtos de consumo em autosserviço.

As embalagens, como objetos semióticos, são portadoras de sentidos, e, portanto, mídias, veículos de mensagens carregadas de significação. Nas embalagens, os planos, os espaçamentos, as formas e os materiais constituem-se como espaços privilegiados de significação e devem ser planejados e executados com essa perspectiva sígnica. Tudo estará comunicando.

A embalagem, na perspectiva promocional, deve causar impacto para que possa ser vista e diferenciada, mas também tem de criar uma conexão emocional com as pessoas a fim de que possa ser apreciada, desejada.

Na perspectiva mercadológica, é importante diferenciar três tipos de embalagem: a primária, a secundária e a terciária. A embalagem primária mantém contato imediato com o produto, como acontece com os vidros de perfume, enquanto a embalagem secundária é o contendor de uma ou de várias embalagens primárias – tem a função de proteção e identificação –, sendo frequentemente aberta e desprezada quando do uso do produto, como, por exemplo, a caixa de papelão do vidro de perfume. Já a embalagem terciária serve para distribuir e proteger o produto ao longo da cadeia comercial, como, por exemplo, a caixa de papelão que contém várias caixas com vidros de perfume dentro. A manifestação sígnica deve ser amplamente explorada, especialmente na embalagem primária e secundária.

As formas, assim como as embalagens, tornam-se associadas a um produto ou a uma empresa pela combinação repetida. Com a repetição ao longo do tempo, a combinação de um produto com uma forma pode tornar-se parte familiar de uma identidade. Como resultado, conforme acontece com outros elementos estéticos primários, formas deveriam ser consideradas elementos de identidade com direito de propriedade que são consistentemente usados e reforçados por meio de comunicações corporativas. De fato, formas não funcionais que agregam valor estético recebem proteção legal com marcas registradas válidas. A garrafa da Coca-Cola e o frasco quadrado do Chanel nº 5 são exemplos disso. O distanciamento em nomes e a fiscalização em atributos visuais – na imagem de negócios – estão de acordo com o conceito de que a lei protege não apenas o nome, mas também a identidade. Os gerentes deveriam combinar produto e forma, repetir essa combinação ao longo do tempo e proteger a combinação de apropriação por parte dos concorrentes.

Na perspectiva de Gobé (2002, p. 257), "a embalagem deve criar um contato emocional com os consumidores para poder ser apreciada". Nesse sentido, a amplitude de ação da embalagem é estendida, passando a ser também responsável pela conexão afetiva com o consumidor, a qual antes, durante muito tempo, era função exclusiva da marca.

Como objeto semiótico e, portanto, simbólico, a embalagem deve assumir cinco funções fundamentais:

- **diferenciação**: a embalagem deve ter a capacidade de distinguir produto dos seus competidores;
- **atração**: a embalagem deve apresentar a capacidade de ser percebida nitidamente em frações de segundos. Essa capacidade refere-se ao impacto positivo da visualidade;
- **efeito espelho**: a embalagem deve estabelecer uma correspondência entre o produto e a autoimagem do consumidor, de modo que o estilo de vida dele seja refletido na embalagem. Essa situação se constituirá em uma motivação que incitará o desejo de compra;
- **sedução**: a embalagem deve ser capaz de fascinar. Essa capacidade refere-se ao discurso da imagem-mensagem, e o design tem relevância notória neste quesito;
- **informação**: a embalagem deve ser capaz de transmitir informações úteis ao consumidor, tais como validade, origem, componentes, preço e demais exigências legais.

Alguns produtos têm na embalagem sua única (ou quase única) possibilidade de comunicação com o consumidor. É o caso dos cigarros na maior parte dos países, onde a publicidade nos meios de massa, incluindo TV, rádio, jornal, revistas, digital e *outdoors*, está proibida. Assim, a embalagem ganha destaque na aproximação com o consumidor e deve assumir integralmente suas funções com maior importância à função de "efeito espelho", pois o benefício básico do produto pauta-se no estilo de vida e não em uma realidade concreta; aliás, a realidade do tabaco deve sim ser evitada na comunicação.

Para adicionar valor ao produto, a embalagem deve ter alta visibilidade, boa qualidade de informações, apelo emocional e o que os norte-americanos chamam de *workability*, ou seja, tamanho e forma adequados, uma vez que sua facilidade de empilhamento permite o acesso e o manuseio do consumidor, seus materiais não agridem o ambiente etc. Aliás, essa última questão foi a grande motivação das mudanças de embalagem dos sanduíches do McDonald's nos anos 1990, quando a empresa substituiu a embalagem de isopor pela de papelão.

Ed Reeve/Getty Images

A marca francesa de calçados Louboutin transborda seu design diferenciado para a linha de esmalte e batons – ecos visuais do salto fino de seus sapatos.

A garrafa de Coca-Cola em estilo Art Nouveau, um dos muitos fenômenos estilísticos do século XIX, tem proteção legal, obtida pelo seu valor estético distintivo. Alongada no gargalo, bojuda no meio e recortada em gomos, lembra as curvas do corpo de uma mulher e as saias que eram moda, sendo apelidada no seu país de origem de saia justa em razão de seu formato violão.

A embalagem única tinha sido cuidadosamente projetada para acabar com as tentativas de imitações que buscavam aproveitar-se da fama que o produto vinha adquirindo. Além disso, até então não havia um modelo único de garrafa, podendo cada distribuidor utilizar os vasilhames que quisesse, o que dificultava a identificação do produto.

A ideia era que a embalagem fosse reconhecida pelo tato e que seu formato fosse tão particular a ponto de ser identificável mesmo quando quebrada. A capacidade da embalagem original era de 185 ml.

Em 1950, na matriz norte-americana, lançava-se o refrigerante em lata e em 1959 chegava a Coca-Cola família, levando para dentro das casas um produto até então consumido quase exclusivamente nos bares e restaurantes.

No ano de 1970, a garrafinha de 185 ml transforma-se na de 290 ml; e em 1976 surge a Coca-Cola litro.

Na década seguinte, em 1988, a tampa de rosca abre caminho para embalagens maiores e mais econômicas, como a de um litro e meio e a Big Coke de dois litros. Associado a isso, destacamos o fato de que a tecnologia introduzida pela utilização da embalagem PET na década de 1980 possibilitou a redução de custos, a introdução definitiva do plástico e a reprodução do design original no vidro, em grande escala.

A preocupação com a embalagem e com a identificação do produto está sempre presente na mente dos profissionais de marketing das empresas. A cópia de embalagens é uma tônica nos mercados. Exemplos não faltam: o multilimpeza da Reckitt Benckiser – Veja –, com sua embalagem humanoide e especialmente ergonométrica, há mais de 40 anos

Divulgação

Embalagem do multiuso Veja: há mais de 40 anos no mercado.

no mercado brasileiro, possivelmente foi copiada pelos seus concorrentes e em alguns casos não só na forma semelhante, como também nas cores e distribuição dos elementos no rótulo.

As embalagens assumem a função promocional muito mais do que antes, quando sua função estava ligada à contenção e à proteção do produto. A embalagem é um comercial relâmpago, devendo chamar a atenção do consumidor no ponto de venda por agregar ao produto alguma distintividade. Ela deve ser persuasiva acerca do conteúdo e deve instigar a curiosidade.

Quando nos referimos a embalagens é inevitável remeter nossa atenção aos materiais de que são feitas. Com o avanço das tecnologias de produção seria muito difícil dar conta da totalidade de possibilidades de uso de materiais na constituição de embalagens.

Propomos apresentar alguns materiais na sua perspectiva de geração de efeitos, ou seja, na sua objetividade semiótica. Assim, serão apresentadas algumas considerações sobre a utilização do vidro, do papel, do papelão e do plástico, por terem ampla utilização nas embalagens comerciais.

Vidro

Suas principais características são: resiste à pressão e à temperatura, embora não resista a impactos; é maleável, reciclável, não oxidante, impermeável, transparente, limpo, higiênico, mau condutor de calor e de eletricidade em temperatura ambiente, pesado e de difícil transporte em função do peso; não é perfurável por objetos cortantes. Diante dessas características, percebe-se que a ampla utilização do vidro como embalagem é justificável, pois permite a produção de garrafas, frascos, ampolas, vasos etc. Além disso, outra característica do vidro refere-se à variedade de pigmentação possível: azul, com a adição de óxido de cobalto; verde, com a adição de cromo; vermelho, com a adição de óxido cúprico e sulfato de amônia etc. Em muitas situações o vidro é também uma opção por sofisticação, como, por exemplo, na tampa de um fogão. Pode-se fazer a tampa de um fogão em acrílico resistente ou em vidro verde temperado. A primeira opção é mais simples e barata, já a segunda, apesar de ser mais cara, traz beleza e distintividade ao produto. Também está associado à sotisficação porque o vidro é um material perene, de imensa longevidade, hoje vista os vitrais das catedrais medievais na Europa. A permanência reforça o sentindo de refinamento.

Outra justificativa para o uso do vidro em embalagens é a transparência, muito valorizada em segmentos como alimentos, bebidas e perfumaria.

Papel e papelão

Dos mais populares materiais para embalagem apesar de ter perdido espaço para os plásticos, o papel é ainda detentor da maioria da ampla variedade de opções. Normalmente o papel é obtido a partir da celulose vegetal, especialmente da madeira, mas também pode ser produzido a partir do algodão, do bambu, da cana-de-açúcar etc. Para ser um bom papel para embalagem, deve apresentar características como: resistência à tração, ao alargamento e à fricção; resistência à água; apresentação de propriedades ópticas, como opacidade, brilho e brancura; aptidão para impressão, como impermeabilidade às gorduras, resistência à luz e barreira a líquidos e vapores. Em função do aumento de consciência acerca do uso indevido dos recursos naturais, há a tendência de diminuição do uso de papel e papelão nas embalagens. Uma das alternativas para a não substituição é o uso de papel reciclado ou obtido através do processamento de madeiras de reflorestamento.

Divulgação

Embalagens diferenciadas da cachaça Engenho Água Doce de Pernambuco: na versão *premium* o material é a juta, e na versão ouro, papel amassado.

✖ Plásticos

Tiveram uma influência revolucionária desde o seu aparecimento em razão de uma série de propriedades físicas e químicas, que os tornaram únicos, pois permitem moldar-se a temperaturas relativamente baixas, além de proporcionarem grande resistência. Os plásticos são materiais suscetíveis de moldar-se mediante processos térmicos, a baixas temperaturas e pressões. Podem ser classificados em naturais e sintéticos. Como exemplo de plástico natural podemos citar substâncias obtidas por meio da secreção de árvores e das resinas para a indústria de pintura. Os plásticos sintéticos surgiram com os derivados do algodão e da celulose, substâncias que deram início à Revolução Industrial para chegar aos tempos atuais com os plásticos derivados do petróleo e do gás natural e que são produzidos em indústrias petroquímicas. A maioria dos plásticos como o náilon e o polietileno são sintéticos, formados por um processo chamado polimerização, que consiste na união de várias moléculas de monômeros. Essa união realiza-se por meio de um catalisador, cujo composto passa a chamar-se polímero. Existem vários tipos de polímeros, como a proteína queratina, que forma parte do cabelo e da pele humana. A seda e a celulose também são polímeros.

Uma classificação para os plásticos poderia ser a seguinte: termoplásticos, termofixos e elastômeros. Há muitos caminhos classificatórios possíveis, porém, para o uso que vamos fazer, a proposta é suficiente. Assim, os termoplásticos são plásticos que podem ser moldados e reutilizados, como, por exemplo, o PVC (largamente utilizado na construção civil), o policarbonato, o polipropileno PET e o poliestireno. Os termofixos são plásticos cujos materiais não são suscetíveis a novas fusões em decorrência da reação química de polimerização que ocorre durante o processo de molde. São exemplos de termofixos as resinas e os poliuretanos. Os elastômeros são plásticos que possuem grande elasticidade e têm como característica a propriedade de retornar ao seu estado natural após sofrer um processo de estiramento. Os poliuretanos e os silicones são exemplos de elastômeros.

As características gerais dos plásticos são: flexibilidade, resistência à fadiga e ao impacto, baixa condutividade térmica, integridade de design, economia, higiene, segurança, transparência etc. Com todas essas características é possível imaginar por que sua aplicação na indústria de embalagens tornou-se tão ampla e vantajosa na maioria dos casos.

Divulgação

A marca londrina de alimentos Nusa Kitchen traz toda a sensibilidade de sua proposta para a embalagem das sopas quando passa a produzi-las com roupinhas de lã – maximização dos sentidos. Já a Tous H_2O traz sobreposição e potencialização dos sentidos: verbal (nome) e visual (design de embalagem) que reforçam a fragrância fresca e suave, sugestiva da leveza da água.

Rótulo

Invariavelmente toda a embalagem possui um rótulo, o qual muitas vezes assume quase a totalidade da transmissão informativa e persuasiva do produto. Isso é particularmente verdadeiro quando as embalagens possuem baixo poder de diferenciação. Porém, há outras situações em que, além de a garrafa possuir um design altamente distintivo, o rótulo contribui para a transmissão conceitual que o produto pretende construir na mente dos consumidores: prestígio, sofisticação, diferenciação, *eco-friendly*. A garrafa de água Bonafont é um bom exemplo dessa distinção positiva.

O rótulo propicia também ao fabricante um método de comunicação de garantia. Se a empresa oferece garantia ao produto, o rótulo pode explicar seus termos e condições. Os perigos e as advertências quanto ao uso do produto podem também constar no rótulo, além de data de fabricação e validade.

Se quiséssemos atribuir uma classificação para os rótulos, poderíamos dividi-los em:

- **rótulos informativos**: chamam a atenção para algum cuidado no manuseio ou preparo do produto ("mantenha longe do alcance das crianças", "não expor ao sol", "conservar na geladeira" etc.);
- **rótulos classificatórios**: expressam uma determinada qualidade ou atributo do produto: leite tipo A, tipo B; ou, ainda, arroz tipo 1, tipo 2 etc.);
- **rótulos descritivos**: normalmente são "mais poluídos", pois apresentam grande quantidade de informação descritiva. Muitas vezes explicam as características e os benefícios mais relevantes, ou ainda, de forma detalhada, os modos de preparo e de utilização do produto.

Essa tipologia nem sempre é seguida, uma vez que há inúmeros rótulos contendo informações relevantes e cuidados, classificações e descritivos de uso do produto, competindo pelo mesmo espaço visual.

Grande parte dos rótulos é produzida em papel ou em PVC (às vezes envelopamentos), mas eles também podem ser produzidos a partir de couro, tecido, alumínio ou fibras vegetais. As opções são variadas e devem atender as exigências funcionais e simbólicas do produto que será rotulado.

Além das variedades de forma, tamanho e material, os rótulos podem ser aplicados nas embalagens de diversas maneiras: como etiqueta frontal, rótulo envolvente, faixas retráteis ou ainda como selos. Assim como os materiais, a maneira de aplicação também deve levar em conta as características do produto e da embalagem na perspectiva funcional, simbólica e estética.

Cores

A cor é um dos elementos mais importantes da sintaxe da linguagem visual DAS MARCAS. Vivemos em um mundo colorido, o que leva muitas pessoas a se ocuparem das cores do ponto de vista estético e científico – nas artes, na moda, na maquiagem, na decoração, no design, NA ARQUITETURA, como forma de terapia etc.

> Do ponto de vista estritamente físico, o olho sente a cor. Experimenta suas propriedades, é fascinado por sua beleza. A alegria penetra na alma do espectador, que a saboreira como um gourmet, uma iguaria. O olho recebe uma excitação semelhante à ação que tem sobre o paladar uma comida picante. Mas também pode ser acalmado ou refrescado como um dedo quando toca uma pedra de gelo. Portanto, uma impressão inteiramente física, como toda sensação, de curta duração e superficial. Ela se apaga sem deixar vestígios, mal a alma se fecha. (Kandinsky, 1996, p. 65)

A luz e as cores atuam como o alimento ESSENCIAL exigido pelo organismo vivo. No ser humano, o comprimento da luz correspondente a determinada cor, tem a propriedade de decompor pigmentos específicos, que se encontram nas vesículas dos neurônios chamados cones, situados na retina e responsáveis pela visão das cores. Essa decomposição ocorre com maior ou menor intensidade, segundo o comprimento da onda, provocando reações físicas e psicológicas. Por esse motivo, temos os efeitos excitantes ou depressores provocados por algumas cores.

As cores derivadas da luz são compostas por fótons. Fóton é a menor e mais elementar partícula de luz, um feixe delgado de energia luminosa. Essas partículas podem ser vistas quando, em grande quantidade, chocam-se com o olho, ao mesmo tempo. Quanto mais brilhante a fonte luminosa, maior o número de fótons produzidos em uma dada unidade de tempo.

Segundo pesquisas antropológicas, o homem das cavernas só via em preto, branco e cinza e a evolução para a percepção de cores foi lenta e gradual. Isso se explica pela necessidade de o homem primitivo refugiar-se dos perigos da natureza em locais sem iluminação, dificultando assim a formação de pigmentos sensíveis diferenciados para a visão das cores. As descobertas das armas e do fogo ajudaram nossos ancestrais a sair e a se "arriscar" por mais tempo à luz, o que propiciou o aperfeiçoamento dos neurônios cones, células responsáveis por essa capacidade.

As experiências do homem com as cores foram bastante profundas e significativas durante o processo civilizatório, dando origem a simbologias e significados psicológicos que funcionam como arquétipos: o sangue vermelho, associado à morte e ao sofrimento ou ainda à vida (menstruação); e o fogo nas matas, com nuanças vermelho-alaranjadas, associado à ideia de perigo. Essas cores são excitantes e despertam emoções fortes, usadas universalmente como sinal de perigo e aviso de cautela. O negrume da noite esconde o desconhecido e o inimigo oculto nas sombras, provoca depressão e melancolia. O negro, ou ausência de luz, para alguns povos simboliza o luto, a tristeza e o reino das trevas, em outros contextos poderá ser refinamento. E, finalmente, o verde das árvores sob o céu azul – oferecendo frutas, local para descanso e material para abrigo – faz que essas duas cores funcionem como calmantes e equilibradoras do sistema nervoso humano.

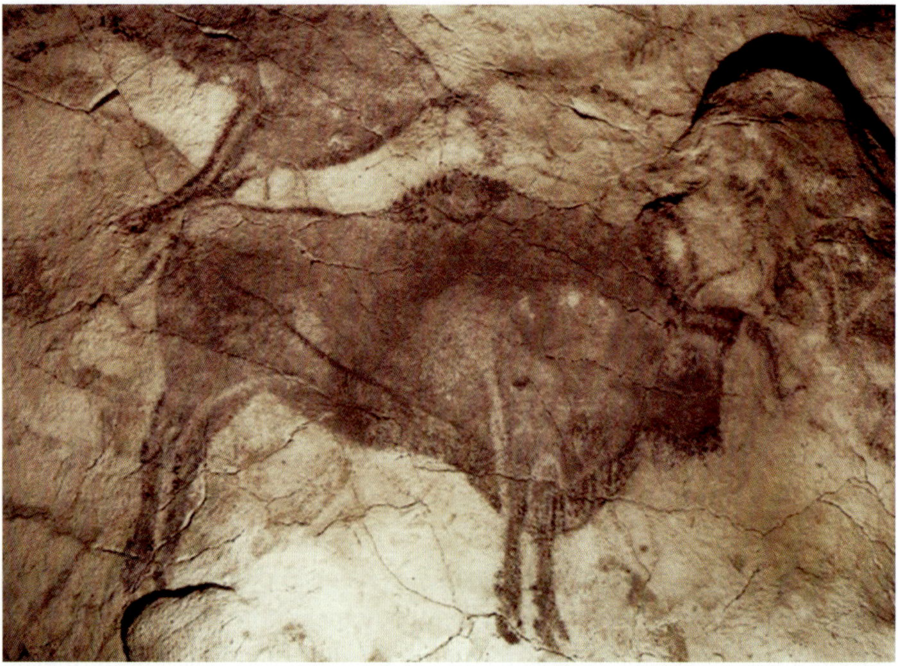

Photo Researchers/Latinstock

Arte rupestre. Altamira, na Espanha.

A cor também foi usada em tempos remotos para determinar as formas em pinturas. O exemplo evidente de utilização "estratégica" da cor pode ser encontrado na pintura rupestre dos Bisontes de Altamira, em que a cor vermelho-alaranjada e suas nuanças são responsáveis pelas formas que se veem.

Tiski-Franckowiak (1997, p. 108) nos traz o conceito de cor explicando tecnicamente sua formação:

> A luz é constituída por ondas eletromagnéticas, ou fluxo de partículas energéticas desprovidas de massa: os fótons, que se propagam no vácuo à velocidade de 300.000 km/s, aproximadamente. Mas, quando encontram o oxigênio, nitrogênio e outras partículas que fazem da atmosfera um meio denso e transparente, sua velocidade é menor. Quando a direção é desviada de seu eixo central, a luz é refratada em comprimentos de ondas menores, os raios são também refletidos em direção ao espaço em uma variação de frequência. Essas modificações dos raios de luz são vistas como cores se os centros de espalhamento forem maiores que os comprimentos de luz. Por exemplo, o espectrocolorido do vermelho ao violeta é totalmente visível no fenômeno do arco-íris porque as gotículas de água servem como prisma de refração, sendo maiores que os comprimentos de onda.

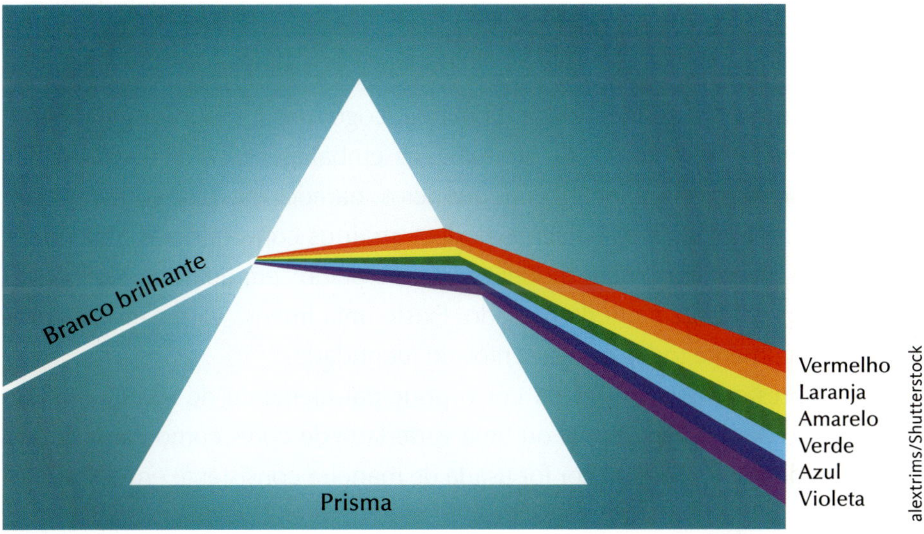

Prisma de Newton.

Todos sabem que Isaac Newton (1642-1727), físico e cientista inglês, foi o descobridor da composição do feixe de luz branca, quando o decompôs pelo prisma. Na experiência de Newton vemos que a luz decompõe-se ao atravessar o prisma, é refratada e, assim, muda de direção e de comprimento. As ondas de maior comprimento, correspondentes à cor vermelha, sofrem menor desvio, ao passo que as violetas, de menor comprimento, estão sujeitas a um desvio maior.

Ao nos depararmos com o estudo das cores percebemos o quão interdisciplinar é essa questão. De filósofos como Platão e Sêneca a matemáticos e físicos como Pitágoras e Kepler, ou a artistas como Leonardo da Vinci (1452-1519) e estudiosos como Goethe (1749-1832) e Michel-Eugène Chévreul (1786-1889), que em 1839 apresentou sua enciclopédia das cores. Mais recentemente, já no século XX, Ludwig Wittgenstein, com sua filosofia da linguagem, e os mestres da Bauhaus,[2] Paul Klee (1879-1940), Wassily Kandinsky (1866-1944) e Piet Mondrian (1872-1944) ou ainda o cineasta russo Sergei Eisenstein, com seus estudos e experimentações, são exemplos da complexidade e da diversidade de regionalidades científicas que têm no estudo da cor um de seus objetos. O fenômeno cromático deve ser visto como um processo amplo, com fronteiras borradas passando pela Filosofia, Psicologia, Física, Estética, sem se limitar a elas.

Cor como identidade

A cor permeia toda a identidade da marca. Logotipos e símbolos geralmente são coloridos, bem como, os produtos, as embalagens, os sites, os tecidos dos uniformes dos funcionários, os anúncios; paredes externas e internas são coloridas, anúncios e embalagens podem atrair os consumidores pela cor. A época de Henry Ford, cujo modelo T era oferecido "em qualquer cor, desde que seja preto", faz parte do passado. Existe uma imensa variedade de cores para virtualmente todos os elementos de identidade.

Empresas podem fazer da cor o principal elemento de sua identidade utilizando uma cor exclusiva ou uma variedade de cores como parte de sua identidade visual. Se uma cor for usada de maneira consistente em vários ele-

2 Escola alemã que abrigava artistas plásticos e designers.

mentos de identidade, ela se tornará parte da rubrica da empresa; o amarelo da Kodak, o vermelho da Coca-Cola, o laranja do Itaú são bons exemplos. O importante é haver a certeza de que a cor é reproduzida de maneira adequada em um número infinito de materiais e superfícies no mundo todo e se cercar de cuidados com relação ao uso daquela que for escolhida. As cores podem até receber proteção legal, como é o caso do vermelho Ferrari.

lazyllama/Shutterstock

EQRoy/Shutterstock

Divulgação

A identidade cromática do Banco Itaú: empoderamento da cor laranja nas mais diversas expressões da marca: integração, reforço, potencialização da marca.

Como as cores podem identificar categorias, são estrategicamente escolhidas para uniformes e também para ambientes físicos. Uma identidade completa pode ser gerada para um conglomerado pelo uso da cor.

A cor também pode servir para separar linhas de produtos ou subcategorias. A marca Aspirina da Bayer usa a estratégia, presente em produtos de beleza de balcão, como xampus, de colocar linhas de produto relacionadas em frascos e embalagens com o mesmo design, mas com variações discriminadoras de cores. A identidade da marca Bayer com relação a várias linhas de produtos é basicamente gerada pela cor.

Uma cor pode ser escolhida pelas associações específicas que transmite. Frequentemente, a cor assinala uma marca de modo a destacá-la de produtos similares. O vermelho é bastante popular para marcas. A Mobil e a Coca-Cola usam o vermelho, assim como diversas outras empresas. Quando andamos pelo corredor de refrigerantes dos supermercados não precisamos procurar pelo nome Coca-Cola, porque o produto é facilmente localizado. A cor pode chamar a atenção para um produto que tradicionalmente não a emprega. Os martelos da marca Cooper Industries Plumb, dos Estados Unidos, ilustram essa situação – conseguiram sucesso empregando a cor laranja no cabo, o que os tornou fáceis de serem encontrados em caixas de ferramentas e em prateleiras de lojas.

As empresas também podem inventar cores, ou terminologias novas para cores a fim de comercializar seus produtos. O caso citado por Schmitt e Simonson (2000, p. 110) serve como exemplo: para ilustrar "os tons sutis que fazem a diferença" em sua linha de impressoras a laser coloridas, a Canon inventou cores como "nevoeiro" e "musgo". No anúncio verde da cor "musgo", lê-se: "Entre amarelo e verde há oliva. Entre oliva e cinza há verde-folha. Entre verde-folha e cinza há verde-azulado. E se você continuar encontrando cores entre cores, chega a uma cor chamada musgo".

Além de mera identificação e associação, a cor pode ser usada para criar experiências. O olho humano consegue distinguir 10 mil matizes. Três dimensões básicas – saturação, luminosidade e matiz – podem ser usadas para relacionar à pureza cromática, ou liberdade de mistura com o branco. Luminosidade tem a ver com intensidade, ou nível de energia (semelhante a sonoridade ou amplitude em música). Matiz refere-se ao comprimento de onda, às nuanças específicas de cor que enxergamos.

Podemos ver as possibilidades de usar esses vários aspectos das cores quando observamos como a cor rosa é utilizada. Rosa, um tom menos saturado de vermelho, geralmente é associado a produtos femininos e infantis.

Os tons pastéis de rosa frequentemente usados em roupas e brinquedos para bebês são menos luminosos do que o rosa forte dos brinquedos para crianças maiores. Para uma ideia das diferenças de matizes da cor rosa, considere a linha completa de tons de rosa em um mostruário de batom.

Uma determinada cor pode parecer mais clara ou mais escura, dependendo do fundo sobre o qual se apresenta no campo visual. Fundos escuros clareiam as cores aplicadas sobre eles, tornando-as mais proeminentes, enquanto fundos claros escurecem. Assim, percebemos que a técnica em que se utilizam fundos escuros como preto ou azul-escuro constitui estratégias para dar maior visibilidade ao que está aplicado sobre eles.

Reações afetivas, cognitivas e comportamentais à cor

Segundo Guimarães (2003, p. 43), "no processo da visão, a função sensorial do sistema nervoso é inicialmente desempenhada pela retina" e só depois que o cérebro processar a informação visual serão gerados os efeitos de sentido, as emoções, as nossas interpretações a respeito do fenômeno que estamos vendo. Estamos criando significados para a visualidade que está diante de nós.

Cada dimensão de cor parece estar relacionada com diferentes reações comportamentais. Por exemplo: quanto mais saturada a cor, maior a sensação de que o objeto está se mexendo. Quanto mais luminosa a cor, maior a impressão de que o objeto está mais próximo do que na verdade se encontra. Matizes em um extremo da luz visível (vermelho, laranja e amarelo) tendem a ser percebidos como mais energéticos e descontraídos, enquanto os do outro extremo (verde, azul e roxo) parecem mais calmos e introvertidos. Por exemplo: vermelhos tendem a ser percebidos como aventureiros, sociáveis, excitantes, poderosos e protetores. Amarelos costumam ser vistos como alegres, joviais, estimulantes, carinhosos e impulsivos. Verdes e azuis são percebidos como calmos, suaves e relaxantes. Ao mesmo tempo, vermelho, laranja e amarelo são vistos como cores quentes, enquanto azul, verde e roxo são considerados cores frias. Matizes diferentes também causam impressões variadas de distância: azul e verde parecem mais distantes do que vermelho, laranja e marrom.

As cores têm temperatura, não uma temperatura física, mas uma sensação associativa intermediada pelos códigos da linguagem. A cor, por si mesma, não tem vigor para produzir diretamente a sensação de temperatura, embora um ambiente azul-esverdeado possa tornar uma sala quente mais suportável no verão dos trópicos. A percepção de temperatura agrega-se à questão dinâmica de aproximação e afastamento. Kandinski (1996, p. 83), em seus estudos sobre a dinâmica das cores, afirma que

> (...) cumpre entender por calor ou frieza de uma cor sua tendência geral para o amarelo ou para o azul. Essa distinção opera-se numa mesma superfície e a cor conserva seu próprio tom fundamental. Esse tom torna-se mais material ou mais imaterial. Produz-se um movimento horizontal: o quente sobre essa superfície horizontal tende a aproximar-se do espectador, tende para ele, ao passo que o frio se distancia.

Sorbis/Shutterstock

Ken Wolter/Shutterstock

Marca fundada em 1909 por Coco Chanel, mantém a iconografia das cores preto e branco como o fundamento de sua identidade. Prestígio, *glamour* e sofisticação.

Como vimos, o escurecimento afasta a cor e o clareamento aproxima, assim como na metáfora de "estar nas sombras" é estar longe e em situação difícil, e "às claras" ou "à luz" é estar bem e próximo.

Cores de prestígio: preto e branco, dourado, prateado e cobreado

Em total oposição ao preto, o branco é a cor da vida e da paz no Ocidente. A binariedade entre branco-preto é normalmente polarizada e assimétrica, atribuindo-se o valor positivo ao branco e o negativo ao preto. A luz como origem de tudo e o preto como fim, as cinzas. As questões culturais, aqui expressas pela linguagem cotidiana, também revelam essa assimetria: "a coisa está preta" (ruim) e "você é uma pessoa iluminada" (boa).

Preto e branco representam extremos de saturação e, muitas vezes, de luminosidade. Assim, a cor branca, especialmente se for brilhante, é percebida como ensolarada, feliz, ativa e às vezes pura e inocente. Com frequência, a cor preta é percebida como escura e misteriosa, e por vezes impura ou má. Cores metálicas como dourado e prateado oferecem imagens brilhantes; elas assumem as qualidades, respectivamente, do ouro e da prata. Por conseguinte, transmitem as qualidades de materiais inorgânicos, e também criam sensações de brilho, luxo e elegância em razão das associações com opulência e metais preciosos. Por isso, imitar ouro ou alguns outros padrões como mármore é bastante difícil. Uma imitação deve evocar a imagem implícita de valor, ou terá um efeito negativo e parecerá "vulgar" ou será facilmente identificada como imitação. Podemos citar inúmeros exemplos de utilização inadequada do dourado, por exemplo, levando à conotação de exagero e "breguice".

Muito recentemente a cor cobre, do metal, vem sendo associada a sofisticação contemporânea. Uma das razões está na diferenciação perante o dourado e o prateado, mas com a manutenção do brilho. Também as propriedades do metal auxiliam em sua conexão com universos refinados: gastronomia (panelas de cobre, processo de flambagem etc.), bebidas (associação com a cor âmbar e o universo dos destilados em barris). Também constrói importante relação com o feminino, pois a cor cobre pode se complementar harmonicamente com vários tons rosáceos. Sua ascensão está no mesmo âmbito do ressurgimento e valorização do vinho rosé, que por décadas era considerado inferior e que reaparece como signo de frescor e sofisticação.

Cor: cultura e história

A cor é também informação cultural. No mundo antigo, a cor púrpura obtida de distintas espécies de moluscos pelas civilizações da Ásia e da Grécia, desde o século XV a.C., era signo da divindade. Sempre associada à realeza, foi prerrogativa real até a época romana (Areal, 1995), convertendo-se, então, na cor destinada aos imperadores, tal como aconteceu com o dourado. A simbologia e a distintividade da cor púrpura eram tão fortes que pessoas comuns que usavam vestimentas ou adereços nessa cor eram consideradas conspiradoras contra o Estado, sendo rigorosamente punidas.

Segundo Areal (1995, p. 38), a Idade Média pouco fez pelo estudo da cor, limitando-se basicamente a repetir conceitos gregos e carregá-los de simbolismo. Para a autora, há que se destacar a importância atribuída à "luz divina" que leva o artista medieval a se interessar mais pela luminosidade do que pelo tom. Daí a relevância do vitral na expressão artística medieval. Introduzido em 1140, na abadia de Saint-Denis, ele deu origem a toda uma nova visão estética da luz. Os vitrais, com seu brilho imaterial, localizados especialmente em templos, trouxe uma dimensão mística à cor, anteriormente desconhecida.

No mundo medieval, as quatro cores gregas – azul, púrpura, escarlate e branco – assumem significados místicos das religiões judaico-cristãs, passando a se relacionar com signo como céu para o azul, martírio para o púrpura, caridade para o escarlate, e pureza e castidade para o branco.

No Renascimento, a luz e a cor são assumidas como fenômenos terrestres, físicos, materiais que apenas de maneira simbólica podem estar associados com o divino. É uma mudança radical diante da ideia de "luz espiritual" que invadiu toda a Idade Média. Conhecido como a Era dos Gênios, o Renascimento trouxe estudos de profundidade, de claro-escuro das tonalidades e outros que revolucionaram a criação e a expressão artística e também as cores.

A introdução da pintura a óleo por Jan Van Eyck (1390-1441) trouxe outra revolução: cada partícula de pigmento está agora encerrada em óleo, o que a impede de reagir quimicamente com as suas vizinhas, permitindo introduzir e sobrepor complicadas misturas, com as quais é possível trabalhar de forma igual o valor cromático (luz e sombra) e as tonalidades (qualidade, cor ou matiz).

Tempos depois, Leonardo da Vinci (1452-1519) desenvolve a técnica da perspectiva aérea e traz uma coerência tonal ao primeiro plano e à paisagem de fundo, em que sucessivos planos se distinguem pela forma conforme é a cor aplicada a eles.

A abordagem renascentista da cor e da luz sofrerá poucas inovações até chegar ao período impressionista.

As descobertas de Isaac Newton (1642-1727), publicadas no livro *Optica* (1704) e, posteriormente, as de Johann Wolfgang von Goethe (1749-1832) publicadas em seu livro *Teoria das cores* (1810) deram um novo impulso no entendimento e na aplicação das cores, percebidos na arte impressionista.

Algumas obras impressionistas de Claude Monet (1840-1926) e Vincent van Gogh (1853-1890) são exemplares da retomada de questões a respeito dos contrastes e da utilização de sombras coloridas como expressividade, amplamente discutidas por Goethe.

Ainda no século XIX, Michel Eugène Chévreul (1786-1889), renomado químico francês, publicou *Os princípios da harmonia e contraste de cores,* que trouxe uma grande contribuição a respeito das "leis" que governam os efeitos visuais das cores umas em relação às outras, construindo, assim, os princípios que guiam a harmonia cromática.

O século XX, com o desenvolvimento tecnológico, especialmente na área da eletrônica, permitiu a definição de valores exatos para os componentes das cores-luzes, por meio de modelos matemáticos.

Na década de 1950, muitos pintores desejavam explorar a cor "liberta" e as suas novas possibilidades expressivas. Uns exploravam a partir dela as novas técnicas que as cores sintéticas ou acrílicas permitiam, enquanto outros procuravam por diferentes vias uma forma que permitisse explorar a cor com plena liberdade e expressividade. O quadro *Duas mulheres segurando flores* (1954), de Fernand Léger (1881-1955), é um exemplo, no qual as cores ultrapassam os contornos em negro dos objetos pintados na tela.

Atualmente, e não de maneira diferente do que vimos na história, a cor continua a ser importante elemento da expressividade artística e cultural. Apresentam-se desde questões do cotidiano como vestimentas, embalagens, maquiagem etc. até sua aplicabilidade terapêutica.

Assim como no Brasil, vestimos branco na noite do Réveillon, em um país bem perto de nós, o Paraguai, as pessoas vestem-se de vermelho para essa mesma celebração. Esse é apenas um singelo exemplo dos traços culturais representados pelas cores.

Identidade visual dos bois de Parintins.

Maná Produções, Comunicação e Eventos

Nas manifestações populares como Carnaval, Folia de Reis e tantas outras festas e ritos celebrados pelo povo brasileiro, percebemos que a cor é peça central. Em Parintins, no Amazonas, a Festa do Boi, há muito realizada na ilha, traz na cor seu ponto de maior expressão e rivalidade. Há dois bois – o Caprichoso, na cor azul, e o Garantido, na cor vermelha. As torcidas levam a distintividade das cores às consequências mais inventivas: não usam roupas da cor representativa dos opositores, não compram marcas que possuem na sua identidade visual a cor do oponente, e assim por diante. Desde 1995, vislumbrando uma excelente oportunidade de acessar as duas torcidas, a do boi vermelho e a do boi azul, a Coca-Cola decidiu patrocinar a festa. Mas havia um problema: Coca-Cola é a cor do boi vermelho, assim, como ficaria o boi azul? Certamente, se a Coca-Cola se mantivesse vermelha, arcaria com o repúdio do boi azul. Para agradar a todos, a empresa optou por desenvolver uma estratégia específica para aquela localidade.

O caminho escolhido pela Coca-Cola foi sábio – ao aderir a uma manifestação cultural, como é o caso da Festa do Boi de Parintins, conseguiu estar próxima do público de seu interesse em uma situação altamente positiva e festiva. Pretendia, com isso, aumentar a adesão à sua marca que sofre com a concorrência local, o refrigerante Real, feito com guaraná da Amazônia.

Ainda sobre a questão do vermelho, na posse do presidente Luiz Inácio Lula da Silva, em 1º de janeiro de 2003, sua esposa Marisa apresentou-se vestida de vermelho, enquanto muitos colunistas de moda criticavam o uso dessa cor por ser uma cerimônia feita à luz do sol. No entanto, a opção certamente foi intencional, uma vez que a cor do Partido dos Trabalhadores (PT), que tem como um de seus fundadores Luiz Inácio Lula da Silva, é o vermelho. Portanto, essa cor deveria estar presente como que prestando uma homenagem por seu fundador ter conseguido chegar à Presidência. O presidente certamente não poderia emblemar na posse, já a esposa, sim.

Parece-nos claro que a cor amarelo-dourada para o McDonald's é um dos grandes signos de sua identidade visual. Porém, para se adequar ao mercado francês e, particularmente, parisiense, a empresa norte-americana abdicou de sua cor tradicional a fim de marcar presença na Champs Elysées e na rua Rivoli, cartões-postais da capital francesa. A prefeitura local, com o intuito de cuidar da visualidade da cidade, não permite que "nada" apareça mais do que a torre Eiffel ou o Arco do Triunfo. A solução permitida e adotada pelo McDonald's foi, portanto, a de eliminar o tradicional totem, bem como

Denis Cuvaev/Shutterstock

McDonald's da rua Rivoli, em Paris. Substituição do amarelo-ouro pelo branco: discrição.

utilizar a cor branca na sua identidade externa. Visão global com adaptação local. Nos últimos anos o McDonalds vêm adotando as cores verde e marrom (menor profusão) em vários países (principalmente EUA e Europa) com o objetivo de desconectar-se da essência do que é um *fast food* para ingressar no universo das comidas mais saudáveis. Este movimento, que toca na sua própria identidade (inclusive cromática) é decorrente da valorização pelos consumidores de uma vida mais saudável, que passa em boa parte pela qualidade dos alimentos ingeridos.

Combinação e gerenciamento das cores

Temos nos concentrado no uso de determinadas cores isoladas. Curiosamente, usar várias cores pode resultar em uma identidade muitas vezes menos complexa do que uma criada por uma única cor. A imagem amigável e alegre da Apple Computer é expressa não apenas em símbolo com forma de maçã mordida, mas também pela combinação de cores utilizadas em seus produtos.

Com frequência, uma combinação de cores pode criar uma imagem muito específica. Por exemplo: o uso que o aeroporto de Phoenix, nos Estados Unidos, faz de vários tons escuros e terrosos para criar uma associação com o deserto. Combinações de cores também podem evocar significados específicos pela associação com bandeiras de países. O vermelho, o branco e o azul são usados para criar uma identidade tipicamente norte-americana, enquanto o verde e o amarelo transmitem uma identidade brasileira, assim como o verde e o branco associam-se à Itália, sendo bastante usados na embalagem de alimentos italianos como molhos, massas etc.

Os gerentes também devem solicitar estudos sobre os significados culturais e o impacto de determinadas cores a serem usadas em campanhas. Algumas cores têm significado universal (vermelho significa "pare" e verde, "siga") e podem causar reações fisiológicas semelhantes em certas culturas. Há cores que são universalmente associadas a determinadas culturas ou países, como acontece com o verde e o amarelo em relação ao Brasil, conforme salientado anteriormente. Cores de bandeiras carregam uma identidade nacional em mercados internacionais, o que pode ou não ser desejável.

Cores, entretanto, podem igualmente provocar associações culturais que levam a percepções e avaliações diferentes; têm significados e apelo estético distintos em diferentes partes do mundo. Tons pastéis expressando leveza e harmonia em vez de cores vibrantes são particularmente atraentes para os japoneses – foram usadas para os bichinhos Tamagotchi no Japão. Na cultura chinesa, o vermelho vem sendo apreciado há séculos como a cor mais atraente e mais ligada à sorte. É usado frequentemente em embalagens, nos toldos de bons restaurantes de comida típica chinesa e em ônibus e táxis. Em contrapartida, o azul, a cor corporativa usada com muita constância nos Estados Unidos, é considerado uma cor fria na cultura chinesa, com conotações sinistras e negativas. O amarelo, considerado agradável, é associado com autoridade. Uma instituição que tem forte influência no universo das cores é a Pantone. Todos os anos, a empresa divulga a "cor do ano", influenciando moda, arquitetura, publicidade em todo o mundo. Pela primeira vez a Pantone divulgou duas cores como "Cores do Ano" para 2016, a cor "rose quartz", um tom de rosa, e a cor "serenity" (azul). Cores que transmitem muita tranquilidade, provavelmente tudo o que precisamos para enfrentar nosso cotidiano. Para saber mais sobre as cores e a Pantone, acesse o site: www.pantone.com.

Slogan

O slogan não surge, como se poderia acreditar, com o desenvolvimento da publicidade moderna, especialmente a partir de meados do século XIX e século XX, com o desenvolvimento e a expansão da imprensa. O slogan é "primo" de antigas tradições orais, como as manifestações por meio dos ditos populares e das frases feitas, ou até mesmo dos gritos de guerra. Receberam destacada importância nos anúncios publicitários por resumirem em si a identidade de uma marca ou produto.

Os slogans são vocalizações (*vocare* em latim), representando *vocatio*, chamada ou vocalização da marca. São frases ou sentenças concisas usadas repetidamente na propaganda de uma empresa, produto ou serviço. O slogan é o comando que desperta associações funcionais e emocionais. Quando bem construído e representativo, ele oraliza máximas que a coletividade vive piamente como verdadeiras, tornando-as parte do cotidiano.

Segundo Iasbeck (2002, p. 49), o termo slogan é de origem francesa, "no entanto, ele remonta, à expressão escocesa *sluaghghairm*, que quer dizer 'grito de guerra de um clã'". Estamos aqui nos ocupando de uma recuperação histórica da origem oral da palavra slogan, pois sabemos que todo o desenvolvimento da comunicação e dos meios contou com fortes e arraigadas práticas há muito existentes, como é o caso do slogan.

O sentido que hoje temos para slogan foi consagrado pelos Estados Unidos, que partiu do francesismo para torná-lo expressão de divisa comercial.

Percebemos que os slogans se desenvolvem de certa maneira como desvios de modelos já existentes na linguagem. Poderíamos dizer que os slogans são irmãos dos provérbios, das máximas, dos refrões, dos jargões, dos ditos populares, dos clichês e de tantas outras formas presentes no nosso cotidiano. A semelhança muitas vezes se dá pela forma popular, didática, geralmente transgressora, e pelo anonimato do destinatário, porque resumem um discurso e por serem concisos na sua essência. Por exemplo: "Um dia é da caça; outro, do caçador" (provérbio), "O mundo trata melhor quem se veste bem" (slogan); "O progresso é a realização das utopias" (máxima de Oscar Wilde), "Tudo pelo social" (lema) etc.

O propósito dos slogans é o de aproximar os consumidores das marcas e dos produtos que pretende promover. Sua função é colaborar para a fixação e o reconhecimento da marca. Vejamos alguns exemplos dessa contribuição.

A Coca-Cola Company tem em seu slogan uma grande arma de fixação da imagem da marca. Historicamente, o slogan da Coca-Cola era atualizado a cada seis/sete anos. Recentemente percebemos uma aceleração nessa atualização.

Apresentamos a seguir os slogan utilizados pela marca Coca-Cola, no Brasil, até o momento:

Até 1942 – Deliciosa e refrescante

1942-1950 – A pausa que refresca

1951-1965 – Isto faz um bem

1966-1971 – Tudo vai melhor com Coca-Cola

1972-1976 – Isso é que é, Coca-Cola

1977-1982 – Coca-Cola dá mais vida

1983-1989	–	Coca-Cola é isso aí! (do original *Enjoy Coca Cola*)
1989-1993	–	Emoção pra valer!
1993-1999	–	Sempre Coca-Cola
2000-2001	–	Curta Coca-Cola (do original *Enjoy Coca Cola*)
2001	–	Gostoso é viver...
2002	–	Essa é a real
2006	–	O LADO COCA-COLA DA VIDA
2008	–	VIVA O LADO COCA-COLA DA VIDA
2009	–	ABRA A FELICIDADE (*Happiness*)[3]
2016	–	Sinta o sabor (Taste the feeling)

Fonte: <http://www.coca-colacompany.com/stories/coke-lore-slogans> e <https\\quasepublicitarios.wordpress.com/2010/04/16/todos-os-slogans-da-coca-cola>

Outras empresas com posicionamento global também fazem uso do slogan nas suas estratégias de comunicação de marca. A Nike com "Just do it" (apenas faça) ou a própria Apple com "Think different" (pense diferente), do seu produto iMac.

Como vimos, o slogan faz parte do discurso da empresa e é entendido como manifestação de sua identidade, constituindo um dos fortes elementos que contribui para a formação da imagem da empresa junto ao *target*. Por isso, deve estar alinhado aos objetivos, ao valor que o produto/empresa pretende entregar E TAMBÉM AO ESPÍRITO DO TEMPO, ou seja, os valores sociais compartilhados. Um exemplo bastante referencial, ou seja, os valores sociais compartilhados é o slogan de uma empresa de cosméticos que, para um produto antissinais, construiu "XX avança no tempo para trazer para você a melhor tecnologia cosmética". O ponto central desse slogan é o avanço tecnológico, o que não está adequado ao produto, pois se trata de um creme antissinais, ou anti-idade, e avançar no tempo é exatamente o que as consumidoras não querem! A tecnologia para esse tipo de produto é apenas meio, o grande valor que o produto entrega é beleza, que não aparece no slogan.

3 No Brasil também foi usado "VIVA POSITIVAMENTE" para uma série de ações da marca.

Muitos slogans apresentam metáforas na sua estrutura de formação. Para entendermos esse recurso é fundamental compreendermos antes que a metáfora é uma figura de linguagem responsável pelo deslocamento ou transferência de sentido por similaridade. Assim, uma pessoa com "coração de pedra" significa nada mais do que alguém com um coração duro, insensível etc. Na semiótica, a metáfora se configura como um novo signo resultante da conjunção de outros signos colocados em contiguidade. A criação desse novo signo não tem um objeto (referente) específico; seu objeto é outro signo, por isso a **metáfora é um metassigno**. Para Peirce, a metáfora abandona o caráter simbólico e convencional, próprio do signo verbal, para assumir a iconicidade das sensações. É por meio das sensações que conseguimos observar semelhanças entre coração e pedra. Nas palavras de Iasbeck (2002, p. 81) podemos verificar essa mutação por que passa o signo verbal metafórico:

> A metáfora tem, pois, competência de iconizar sentidos, num processo eminentemente metalinguístico em que as palavras passam a falar mais de si mesmas, até o ponto de esquecerem-se como signos primários.

Apesar do corrente uso de metáforas nos slogans, é importante tomar alguns cuidados básicos para não cair nos clichês óbvios e vulgares nem tornar o slogan extremamente hermético, distanciando-se dos público-destino

Além da metáfora, outras estratégias são utilizadas, como, por exemplo, a metonímia. Entende-se por metonímia o uso de uma palavra fora de seu contexto semântico habitual, caracterizando-se por uma representatividade parcial do seu objeto. Assim, nas metonímias os objetos, os conceitos, são representados por meio de algum (ou alguns) de seus componentes, partes significantes. As relações metonímicas podem se estabelecer de diversas maneiras, substituindo o todo por partes – "ande com um telefone no bolso" (antigas fichas telefônicas da Telesp), o lugar pelo produto – "o suíço mais pontual do mundo" (antigo slogan da marca de relógios Technos), o continente pelo conteúdo – "frascos da natureza" (antigo slogan de O Boticário), o produto pelo ingrediente – "O guaraná do Brasil" (Kuat), o tangível pelo intangível – Gostoso é viver... (Coca-Cola), entre outros.

Além das metáforas e metonímias, muitos outros recursos estão à disposição da criação publicitária de slogans, como a catacrese, a perífrase, a antítese etc. Para quem se interessar em aprofundamentos nesta questão, recomendamos retomar o tema no Capítulo 4, que trata de análise semântica e sintática.

Som e jingle

Os sons são captados pelo aparelho auditivo e, nesse sentido, são ondas, sensações que fazem comunicar nosso interior com o ambiente à nossa volta. A música, como uma possibilidade do som, tem o poder de relaxar pessoas, apressá-las, alegrá-las ou entristecê-las. Diferentemente de outros sons, como ruídos, barulhos etc., a música pode ser carregada de emoção e, portanto, portadora de efeitos de sentido mais ou menos programáveis.

> O homem que não possui a música em si mesmo,
> Aquele a quem não emociona a suave harmonia dos sons,
> Está maduro para a traição, o roubo e a perfídia.
> Sua inteligência é morna como a noite,
> Suas aspirações sombrias como Erebo.
> Desconfia de tal homem! Escuta a música.
>
> (William Shakespeare)

Os sons e a música são vistos na perspectiva organizacional como caminhos expressivos que podem colaborar na identidade de uma marca, de um produto ou empresa. Nesse sentido, exercem basicamente duas funções em identidade corporativa e de marca: como fundo, realçam a identidade em lojas e outros espaços comerciais como shoppings e galerias; e nas diferentes peças publicitárias e promocionais. podem ser elementos de criação e sustentação da identidade marcária, como os jingles.

Os sons baseiam-se em séries harmônicas; quando altamente estruturados, são chamados de música. Uma dessas características estruturais é a melodia. Melodias (ou sua forma mais rudimentar, caráter melódico) são sequências de tons organizados como um conjunto musical. Sendo base de jingles, frequentemente usados em mensagens de comunicação, as melodias constituem os elementos musicais mais destacados, facilmente reconhecidos e lembrados.

Muitos serviços são concentradores de som. Hotéis, restaurantes, supermercados, lojas de departamentos, cabeleireiros, empresas aéreas e prestadores de serviços profissionais como médicos, advogados e contadores fazem uso intensivo de estímulos auditivos para comunicar-se com seus clientes. Sons permeiam o encontro profissional no telefone, na loja, na sala de espera e em qualquer lugar por que passa o cliente. Vozes usadas em propaganda devem ser cuidadosamente escolhidas para criar tonalidades e modulações que levem a associações, sentimentos e avaliações reconhecíveis e favoráveis.

Sons também criam identidades em publicidade. Em seus anúncios para a televisão, a marca Kolynos ilustrava a "refrescância" do seu creme dental, com o som de "Ahhh!!!". A imagem sempre apresentava água, piscina, cachoeira etc., o que remetia, inevitavelmente, à ideia de refrescância. Outro caso bastante arraigado em nossa cultura é o "plin plin", da Rede Globo. Não precisamos de qualquer estímulo visual para reconhecermos, imediatamente, que se trata de uma programação da emissora que está entrando em ou saindo de intervalo comercial, ou, ainda, o ... "É Fantástico!", referente ao clássico programa de domingo à noite na emissora, que acaba de completar 40 anos no ar.

No entanto, a marca a se destacar no universo das expressões sonoras mais recentes no Brasil é a marca Itaú. Há muitos anos e por meio da ação deliberada de gestores e criativos, a marca vêm sobrepondo sentidos aumentando assim sua potência comunicacional. Depois do investimento na cor laranja, tornando-a identitária e do gesto com o @ (digital), veio o esforço na criação de um som característico e singular para a marca: "tan, tan, tan..." e hoje o signo sonoro do Itaú é mais um dos elementos de expressão de sua marca.

Sons e música de fundo podem realçar uma identidade corporativa ou de marca, uma vez que o som é um poderoso incitador emocional e comportamental. Estéticas visuais podem ser vívidas e estimulantes, ao passo que elementos visuais são difíceis de mudar sem a agregação de custos de produção; e, com a exceção do vídeo, estéticas visuais são estáveis caso não sofram modificações. O som, no entanto, é fácil de modificar, sendo também inerentemente variável e mutante. A música tem agudos e graves, trechos rápidos e lentos, altos e suaves, enfim, muitos elementos que permitem manipulação.

A variabilidade própria e a facilidade de modificação fazem do som um instrumento de realce e criação de identidade flexível e de baixo custo. Os efeitos sonoros são, assim como os visuais, altamente determinados pelas impressões que os clientes têm. Um consultório médico barulhento pode prejudicar o movimento, ao passo que um restaurante barulhento pode ser desejável e adequado na criação de um atrativo e na manifestação de uma identidade jovem e alegre.

Percebemos que o som exerce um papel cada vez mais essencial no momento da finalização de comerciais para televisão, cinema, internet e *spots* de rádio. Exemplos disso são a utilização, pela Nike, da música *Little less conversation*, um clássico de Elvis Presley, nos comerciais da marca que contou com a participação de ícones do esporte futebolístico, como Roberto Carlos, Denílson e Ronaldinho, entre outros. O que se observa também é a contrapartida que a música e o artista recebem.

Há alguns anos, a rede CBN São Paulo de rádio (FM 90,5) criou um programa chamado "Jingles Inesquecíveis", ancorado pelo publicitário Lula Vieira. O próprio título do programa já reforça e estampa a força dos jingles – inesquecíveis. Segundo o publicitário, os jingles devem pautar-se em algumas regras: "permanecer tocando o tempo suficiente para se incorporar à alma das pessoas e é preciso dar atenção à simplicidade das palavras e à unidade que a junção represente".

No Brasil, alguns jingles se imortalizaram, como é o caso dos Cobertores Parayba, do Café Seleto, do Mappim, da Varig ou, ainda, do Papel Higiênico Primavera. Todos esses jingles pertencem ao repertório auditivo das memórias de infância de muitos brasileiros.

Personalidade e mascote

As personalidades povoam grande parte das comunicações publicitárias da atualidade. Ora se utilizam celebridades, como artistas e esportistas reconhecidos, ora constroem-se personagens com grande força simbólica e afetiva, como as mascotes.

As celebridades e os porta-vozes geralmente fazem parte do chamado grupo de referência da audiência-alvo ou espectadores. Grupo de referência é qualquer pessoa ou conjunto de pessoas que influenciam significativamente o comportamento de um indivíduo em um dado contexto e época. Esse grupo pode ser simbólico, como empresários prósperos; "estrelas" do rock como Madonna ou do pagode, como Zeca Pagodinho; ou ídolos do futebol, como Neymar e Cristiano Ronaldo (CR7), entre tantos outros.

Carlinhos Moreno, nascido em São Paulo no ano de 1954, personifica o "garoto Bombril" desde 1978. São atualmente mais de 250 filmes publicitários produzidos com o objetivo de vender os produtos Bombril e reforçar a marca na mente dos consumidores.

Washington Olivetto e Francesc Petit, publicitários responsáveis pelas campanhas de Bombril, queriam naquele momento (1978) romper com os padrões de comunicação de produtos de limpeza, que menosprezavam a inteligência das mulheres, criando algo divertido e contemporâneo. Algo que se aproveitasse do fato de que o universo feminino no fim dos anos 1970 começava a preferir "a inteligência do Woody Allen aos músculos do John Wayne".[4] Coisa que se materializava no Brasil, particularmente na novela *Gabriela*, exibida pela Rede Globo, na qual o ator Marco Nanini fazia furor com as mulheres interpretando um professor desajeitado e tímido.

Carlinhos apresenta-se com certa insegurança, incerteza, timidez, educado e obediente, qualidades que despertam o instinto maternal das mulheres e, pelo menos, uma reação neutra dos homens. As suas características de personalidade são adequadas a um produto que custa relativamente pouco e que não apresenta significativas diferenças entre as marcas concorrentes, que, aliás, são poucas.

De 1978 até hoje muita coisa mudou: o personagem criado inicialmente para anunciar apenas um produto acabou se transformando no porta-voz da empresa, conquistou vários prêmios da publicidade nacional e internacional, implantou uma linguagem coloquial na publicidade brasileira, gerou modismos, paródias, estudos, teses e monografias e entrou para o *Guinness book* (*Livro dos recordes*). Nas palavras de Washington Olivetto na mesma palestra na PUC, "deixou de ser apenas publicidade para se transformar num fenômeno da cultura popular".

---

4 Washington Olivetto durante palestra proferida na PUC – SP nos anos 1990.

Já as chamadas celebridades representam a idealização do que a maioria das pessoas gostaria de ser. É a busca da transferência. Podem ser utilizadas para dar o testemunho, um depoimento para endossar ou mesmo atuar como atores. Invariavelmente, a celebridade deve possuir alguma associação de atributos que a vincule à marca.

Além da celebridade, podem-se considerar ainda dois principais tipos característicos, representativos de grupo de referência: o *expert* e o "homem comum". O uso de ambos está condicionado ao tipo de produto, tipo de usuário, de contexto de uso e ao objetivo da comunicação.

Fazer uso de *expert* é como vincular a imagem de Neymar a produtos esportivos e joviais.

Além da utilização de personalidades já conhecidas ou que se vinculam a certas marcas com o tempo e o investimento publicitário, outro recurso de expressão da marca é a mascote. A palavra mascote remete à figura de pessoas, animais ou coisas consideradas capazes de trazer ou de proporcionar sorte e felicidade. Nas competições esportivas como Copas do Mundo e Olimpíadas, entre outras, a utilização de mascotes segue essa tradição de portador de sorte e de alegria.

Já no plano organizacional, o objetivo principal da utilização da mascote é o de humanizar a marca. Normalmente são animaizinhos (reais ou criados, desenhados) que possuem vida própria, têm sentimentos e participam do cotidiano humano. No caso brasileiro, a criação da mascote pela Cofap utilizando um cachorro basset foi tão forte que a marca Cofap passou a ser incorporada como raça daquela espécie de cão. Virou o cachorro Cofap. Um fenômeno parecido poderia ter ocorrido com a IG (empresa de internet gratuita), caso mantivesse os investimentos na comunicação de sua marca vinculada ao cachorro que inicialmente estava presente nas publicidades.

Há, ainda, outros casos que dizem respeito à utilização de personagens inanimados, criações e desenhos que tomam vida no cotidiano de exposição da marca. O tigre Tony da Kellogg's é um bom exemplo. Ele toma café da manhã com a família, vai para a escola e brinca com as crianças; é "quase humano". A Sadia, no Brasil, criou na década de 1970 a sua mascote, o Lequetreque, a figura de um franguinho vestindo um capacete de moto. Inicialmente bem rechonchudo, e hoje absolutamente elegante, para atender às exigências estéticas da época, essa mascote é reconhecido como Sadia em qualquer situação em que se encontre.

Cabe lembrar que o Lequetreque está sendo utilizado em todos os peckshots dos filmes da Sadia das últimas décadas, bem como nas embalagens, materiais de PDV, site, filme para o youtube e games.

Divulgação

Lequetreque, o frango da Sadia.

O recurso do personagem é amplamente utilizado pelo McDonald's na figura do palhaço Ronald McDonald's. O personagem e os seus companheiros, que aparentam sair de uma história em quadrinhos, lembram às pessoas que a diversão espera por elas nos restaurantes da rede. Dá-se ênfase à diversão e esta passa a ser um valor central na construção da imagem da marca McDonald's.

Entretanto, a escolha de um palhaço não foi por acaso. A imagem associada à diversão foi escolhida para se contrapor a outros aspectos menos positivos da marca, como a padronização dos seus produtos que, ao contrário de diversão, remete à ausência de liberdade de escolha. A simbologia do palhaço está ligada ao imprevisto, à surpresa, ao riso, à brincadeira, enfim, à diversão; porém, desde que o Ronald foi criado, nos anos 1960, muita coisa mudou e a eficácia do palhaço como grande símbolo de diversão não se sustenta sozinha. Percebemos que as parcerias com a Disney, a Dream Works, e outras empresas de entretenimento, além da ampliação de espaços para brincadeiras, têm colaborado para a manutenção de um ambiente *fun*, que antes era preenchido apenas pelo Ronald McDonald's.

Para saber mais sobre mascotes, consulte o livro *Mascostes, semiótica de vida imaginária* (Perez, 2011) publicado pela Editora Cengage Learning.

Aroma e fragrância

O cheiro ou aroma não é uma sensação filtrada pelo cérebro, mas, sim, instintivo e, portanto, involuntário. Diferentemente do paladar, cujos órgãos são táteis, especialmente os lábios e a língua, o olfato não tem relação com o tato, de modo que muitos produtos e marcas não são, em primeira instância, perceptíveis pelo olfato.

Entretanto, pelo estímulo à amplitude da relação sinestésica, como há muito tempo apresentada pela publicidade de amaciantes de roupas, por exemplo, o cheiro pode se tornar decisor. Trata-se de um produto utilizado para causar a maciez, e que tem no cheiro um importante elemento. A fragrância acaba por tornar-se elemento de decisão especialmente porque a maciez não é perceptível pela concretude ou durante o ato da compra, apenas durante e depois do uso do produto. O cheiro, no caso dos amaciantes de roupa, passou a ser identificador do produto, funcionando como seu índice e atuando como uma marca sensorial da categoria.

O cheiro funciona ainda como um rastro do produto que fica nas roupas. Uma prova não apenas de que o produto funciona, isto é, deixa traços, mas também de que sua ação é multissensorial: produz algo para se acariciar, olhar e cheirar. O cheiro traz permanência, marcas, memória. Estamos nos referindo, neste caso, à potencialização de sentidos – tato, visão e olfato –, que é recomendável na comunicação que se pretenda persuasiva.

Assim percebemos que marcas que apresentam fragrâncias agradáveis a preços mais baixos acabam por se destacar no mercado.

Os aromas podem ser manipulados de acordo com o tipo de efeito que se pretende causar. Aromas da natureza podem evocar os mundos com os quais deixamos de ter contato. O cheiro de chocolate pode trazer lembranças da infância e a essência de panetone, a afetividade da festa natalina.

Os aromas são também culturais. Assim, em Mali a fragrância mais envolvente é a da cebola, sendo por isso comumente friccionada no corpo das pessoas. Na Etiópia o cheiro do gado simboliza fertilidade e *status* social elevado. Essas situações são de certo modo ritualísticas, mas nas sociedades urbanas, os aromas cambiaram e se vestiram com a roupa da cosmética – assim, os perfumes industrializados assumiram os mistérios e ritualísticas de práticas ancestrais.

O cheiro tem sido pouco estudado como possibilidade de identificação de uma marca, mas entender sua sensorialidade pode se configurar como diferencial na miríade de produtos à disposição dos consumidores. Nas áreas de cosmética e *homecare* a fragrância é intrínseca ao produto e, portanto, os estudos são aprofundados e bastante rigorosos, porém o cheiro é solto, involuntário, podendo permear qualquer tipo de ambientação e estar conectado, em princípio, a qualquer tipo de produto ou marca.

Sabor: o gosto

O sabor é uma sensação que certos corpos e substâncias exercem sobre os órgãos do paladar, sendo, portanto, sensorial, transmitido pelo aparelho gustativo, mas que também está associado ao olfato. O sabor é condutor de informações que nos auxiliam na interpretação dos signos externos ao nosso corpo.

Sabor e alimento são associações imediatas e, nesse sentido, observamos que o alimento é uma forma de intercâmbio social e cultural, e o sabor assume muitos desses atributos. Assim como as diferentes formas de cumprimento, os alimentos carregam em si significados culturais e contribuem para a aproximação e comunhão entre as pessoas. Sair para jantar, comer uma pizza entre amigos, tomar um chimarrão ou um cafezinho são bons exemplos disso.

Quando falamos em gosto em muitas ocasiões estamos nos referindo ao paladar e não necessariamente à preferência. O termo paladar vem do latim (*palatum*) e significa "céu da boca, palato" e também "gosto, paladar, apetite", já que se considerava que o palato era a sede do sentido do gosto. Há, portanto, pelo menos três campos do gosto – o gosto, o sabor e o paladar – relacionados a acepções diversas, em geral apresentadas como "derivadas" ou "figuradas" em relação ao sentido do gosto. Os termos do gosto empregados no campo dos afetos e das paixões estendem-se às demais sensações: um cheiro, uma visão ou um som são ditos gostosos e, até mesmo, saborosos. O educador Ruben Alves, protagonista do conceito "o saber tem sabor", discutia a necessidade de a escola contribuir para explicitar o prazer do conhecimento. A semioticista Barros (apud Landowski e Fiorin, 1997, p. 166) afirma que

> (...) o gosto, o sabor e o paladar estão estreitamente ligados às paixões do querer e do crer, às modalidades epistêmicas do saber, com seus derivados como o bom-senso e o conhecimento, e às sensações em geral. Assim, sentir o gosto é não só sofrer uma sensação, mas um modo de conhecer, de apreciar, de "gostar", de amar. O gosto bom ou ruim das coisas, a sensação do gosto relaciona-se com o querer bem ou mal, o confiar ou deixar de acreditar, o ter conhecimento ou o não saber.

A partir dessas reflexões percebemos a complexidade que envolve o entendimento e a busca de uma abordagem semiótica do gosto.

Quando analisamos o gosto na perspectiva mercadológica, a embalagem assume especial importância, principalmente para os produtos alimentícios. A figura mostrada abaixo retrata algumas questões interessantes a respeito da significação imagética e sensivel do sabor. Certamente, a opção de Magnum®, marca de sorvetes da Unilever, é a exploração da dimensão hedonística provocada pelo consumo do produto. O sabor do chocolate está revestido de prazer. As cenas instalam uma tranquilidade dionisíaca: sentado confortavelmente, o homem aproveita a leitura (costas relaxadas e projetadas para trás), assim como a bela mulher deitada, com partes do corpo à mostra e transbordando os limites da rede, que delicia-se com seu Magnum; ao fundo, mar e céu se encontram em sobreposição de cores e texturas quentes. A cena é de puro prazer: corpos humanos relaxados, descontraídos, sensuais e hedônicos. Leitura e Magnum se igualam no gozo.

Richard Baker/Getty Images

Sabor, prazer e sensualidade constantes na comunicação da marca de sorvetes Magnum.

Alimentos e bebidas saborosos revelam momentos de prazer, os quais passam a fazer parte da memória associativa das pessoas. Mesmo produtos não relacionados ao paladar podem evocar associações sensoriais de gosto e prazer pelo sabor. Em muitos casos, a relação com o sabor pode se dar por metáforas extremamente eficazes na perspectiva comunicacional. A associação: boca-coração-batom é muito frequente na publicidade cosmética, por exemplo.

Oferecer alimentos e bebidas em situações de consumo não só traz uma possibilidade de associação positiva como também revela cordialidade, uma vez que é uma prática comum, quando recebemos pessoas que gostamos em nossa casa, oferecermos algo para comer e beber. Este outro aspecto, o da cordialidade, também possibilita uma associação positiva.

Textura: a percepção pelo toque

Quando analisamos a textura sob o aspecto da comunicação, estamos propondo ir além das questões relacionadas à forma; estamos querendo refletir a respeito do impacto do tato no processo comunicacional. Ao analisarmos as relações com o consumidor e as comunicações organizacionais, percebemos que este sentido, apesar de fundamental no cotidiano, tem sido quase inexplorado.

O tato é um sentido que não está conectado com outros, como é o caso, por exemplo, do paladar (conectado com o olfato e a gustação). O tato não possui um órgão de sentido específico. Nossas terminações nervosas e sensoriais estão espalhadas por todo o nosso corpo. Apesar disso, as mãos acabam por se responsabilizar por grande parte de nossa percepção tátil, assumindo a dupla função de perceber e de intervir no ambiente.

Quando nos reportamos à percepção tátil da perspectiva da comunicação organizacional, estamos nos referindo, entre outras coisas, à textura dos produtos e das embalagens que estão à disposição das pessoas.

A textura é a pele dos objetos. Inicialmente, a superfície dos objetos era uma matéria estática, depois ela se tornou a "interface, ou seja, o local privilegiado de intercâmbio de energia e informação" (Manzini, apud Calçada et al., 1993, p. 39).

A superfície dos objetos cumpre o mesmo papel da pele nos seres humanos, ou seja, é um órgão especializado na interface entre interior e exterior.

A textura contém qualidades ópticas, térmicas e táteis e, portanto, carrega valores culturais e simbólicos decorrentes de suas qualidades.

A sensorialidade do tato é tamanha que quando notamos aqueles avisos deselegantes "não toque" nossa primeira e quase instintiva vontade é a de tocar. Não tocar soa como uma afronta!

Como na visão de Gobé (2002, p. 143), "o tato é uma forma literal de se apossar de um objeto". Por isso ele é tão importante para as organizações, pois os produtos devem ser experimentados, sentidos e descobertos e devem ainda proporcionar sensações hedonísticas.

Enquanto os sentidos em geral nos informam sobre as coisas do mundo, muitas vezes é o toque que nos permite finalmente possuir o mundo, envolvê-lo com nossa consciência.

Quando nos reportamos à textura estamos muitas vezes nos referindo à superfície dos produtos e embalagens. A natureza da superfície tem uma grande influência sobre seu efeito visual e sensorial, e, na maior parte das vezes, depende da escolha dos materiais. Assim, utilizar vidro verde temperado ou acrílico não é apenas uma decisão de engenharia, mas, sim, de design, comunicação e marketing. Essa escolha impactará também nos efeitos que serão gerados nas mentes dos consumidores.

As texturas possibilitadas pelas combinações de diferentes materiais são responsáveis pelas associações de ideias, como limpeza, calor, leveza, frio, frescor, suavidade etc.

O uso de diferentes materiais e técnicas possibilita alcançar os efeitos de sentido desejados pela marca. Assim, uma textura reluzente, polida e imaculada pode conferir limpeza, perfeição e ordem e uma textura mais saliente e entrecortada pode transmitir dinamicidade e modernidade.

Alguns produtos dependem fortemente do contato para que seus efeitos se materializem. Os mais evidentes são: condicionadores de cabelo, hidratantes e cremes, amaciantes de roupas, lustra-móveis e ceras em geral, polidores para objetos, entre outros. Quando analisamos as campanhas publicitárias de algumas destas categorias percebemos que há um grande distanciamento de seu poder central de causar sensações pelo contato. Senão vejamos: os xampus e os condicionadores mais comunicam fragrâncias (cheiro) do que maciez, e mais ainda os amaciantes de roupas. E os lustra-móveis parecem mais aderidos à textura quando procuram enfatizar a beleza do brilho agregando também fragrâncias especiais.

3

PUBLICIDADE: CRIAÇÃO E SUSTENTAÇÃO MARCÁRIA

PUBLICIDADE

Durante muitos anos, a publicidade era vista como a arte de exercer uma ação psicológica com fins essencialmente comerciais. Essa ideia acabou ainda por ser reforçada com o advento do conceito de "massa", consumo de massa, produção em massa, mídia de massa etc. Assumir "massa" como "algo a quem se dirigir" impacta na "dissolução" do indivíduo, na sua redução ao anonimato e na emergência de um modelo humano como se a "massa" fosse constituída simplesmente de uma coleção de indivíduos moldáveis.

Esse cenário trouxe impactos profundos na comunicação e, consequentemente, na relação emissor-destinatário da perspectiva publicitária. A relação das organizações era amorfa e, em geral, não contemplava as particularidades e peculiaridades que, felizmente, distinguem cada um dos humanos, os quais são, aliás, os consumidores. A comunicação era mais autoritária, talvez arrogante e pouco informativa.

Há bem pouco tempo, a comunicação era unidirecional, partindo do anunciante, e todo o aparato representado pela agência, veículos etc. em direção aos consumidores. As organizações tinham voz, mas não ouvidos. No Brasil, no fim dos anos 1980 e início dos 1990, essa realidade começa a se alterar em razão da simples lei de mercado da concorrência: a procura e a oferta. A competição começa a surgir com maior intensidade e as organizações, na busca de seus "consumidores", passam a tentar ouvi-los e criam-se os canais de relacionamento por meio do correio, do telefone, da internet, entre outros.

É incontestável que a publicidade, como a que conhecemos hoje, consiste em um fato característico da civilização moderna e, portanto, produz e reflete a nossa sociedade. Os avanços tecnológicos que experimentamos nos últimos anos possibilitaram o acesso a uma "massa" de consumidores que nunca poderíamos ter imaginado, no entanto, agora, temos a possibilidade de acessá-los, considerando suas distinções, suas necessidades, seus valores, enfim, conhecendo-os. A grande contribuição das novas tecnologias e também da concorrência é que os consumidores, antes ignorados, passaram a fazer parte das preocupações das organizações. O consumidor foi elevado à categoria de prioridade e passou a receber um "ouvido" para despejar suas considerações. Essa nova postura da comunicação organizacional, até então unidirecional, abre a possibilidade de interação com seus "receptores", tornando um pouco mais equilibrado o processo comunicacional. As novas tecnologias não impactaram em aumento da racionalidade e redução da carga simbólica das mensagens publicitárias, ao contrário, cada vez mais os consumidores deixam de consumir produtos tangíveis para se enveredarem pelo mundo fugidio dos símbolos e a publicidade responde como portadora de mensagens conscientes e inconscientes.

A publicidade dispõe de inúmeros vetores: a imagem fixa, a imagem em movimento, o som, a escritura, as montagens, os recursos digitais etc. É certo que percebemos que a visualidade se sobrepôs às demais manifestações. Mas a primazia da imagem tem sido vencida pela busca de manifestações sinestésicas, que envolvam várias experiências sensoriais, como textura, cheiro, áudio etc., ampliando com isso a exposição e a percepção sensorial. Sentidos como o tato, por exemplo, foram praticamente deixados de lado por grande influência social e também religiosa. Percebemos que a publicidade está vencendo a política da "exclusividade" da imagem, oferecendo novas alternativas de informação e de persuasão mercadológica.

Publicidade: permanência e fugacidade

A publicidade sempre nos chamou a atenção por lidar com um paradoxo um tanto interessante: comunica a perenidade, mas é fugidia. Há, subjacente a todo anúncio publicitário, a promessa de outro novo. Na base do prazer estético que nos proporciona (ou deve proporcionar) um determinado anúncio, da atualização de nosso desejo de posse que põe em marcha uma página publicitária de uma revista, um *spot* de rádio ou filme no youtube, existe a consciência subjacente de que outra mensagem, igualmente sedutora, vai rapidamente ocupar seu lugar.

E essa questão é ainda mais forte quando a publicidade se expande para o espaço público, tornando-se parte da cidade. É isso que proporciona uma especial fascinação na operação (que poderá ser bastante prosaica) pela qual um profissional coloca cartazes de anúncio em *outdoors* vai desgarrando com parcimônia os restos correspondentes a uma mensagem já ultrapassada da publicidade exterior, e inicia o processo de distribuir pela superfície a cola fixadora para colocação de uma nova mensagem poética de um passado não tão distante. Ali ia se desvelando um novo mundo, um novo signo.

A Unilever estendeu a marca Dove para o universo *baby* e para tanto lançou uma campanha de rua inovadora, tecnológica e sensível: drones-cegonhas levavam uma cestinha com os novos produtos até as mães ou potenciais mães localizadas em espaços públicos, como a Lagoa Rodrigo de Freitas no Rio de Janeiro. Para assistir ao filme da campanha, acesse: <http://www.youtube.com/watch?v=-ma5DgRLIxU>. Acesso em: 30 ago. 2016.

O que parecia permanente se revela, de repente, efêmero. O que pretendia promessa fixa e certa de uma vez por todas, capaz de atuar como referência estável de nossos desejos ou fantasias mais recônditas, manifesta diante de nossos olhos a fragilidade proveniente de seu simples suporte material. O que ao longo de semanas havia passado a fazer parte de nossa paisagem habitual descobre bruscamente sua radical provisionalidade. Pode parecer um pouco trágico ou poético, mas você nunca passou por isso? Observar durante dias um *outdoor* e, de repente, não mais encontrá-lo, vê-lo desaparecer inesperadamente daquela paisagem em que estava tão integrado, tão familiar?

No fundo dessa fascinação que a todos provoca a publicidade, embora alguns, incluindo publicitários, não concordem em dizê-lo, existe essa forte tensão dialética entre permanência e fugacidade. Em seu afã por canalizar a favor de um produto ou marca específicos, nosso desejo primordial de possuí-lo por completo, no marco de sua função de projetar determinada marca com uma imagem que atue como suporte expressivo e como sinal de identidade, a publicidade se finge permanente, fixada de uma vez por todas, exclusivizada até a eternidade entre a miríade de imagens, promessas e as mensagens possíveis.

Divulgação/Ótima

Abrigos de pontos de ônibus transformados em vitrine.

A fascinação que produz a publicidade provém, em última instância, da esquizofrenia que define a atividade publicitária: criar totalidades destinadas a dissolver-se no decorrer de poucos dias ou semanas; fingir plenitudes que somente são, na realidade, combinações aleatórias de alguns signos. Jouve (1992) afirma que a publicidade se alimenta de construir provisionalidades que se autoproclamam eternas. É ou não é esquizofrenia?

Essa tensão dialética entre permanência e fugacidade é o que caracteriza a essência primeira da recepção publicitária. Os cidadãos que ao volante de seus carros se deixam seduzir pelo embrulho de um cartaz publicitário sabem que antes ou depois chegará um *billboard* (profissional que coloca/retira cartazes de anúncios em *outdoors*) e o substituirá por outro, tanto ou mais sedutor que este. O espectador que se senta em sua poltrona diante da TV se deixa convencer pelo fluido do intervalo comercial, sabe que no desfile das correspondentes propagandas sempre existe a promessa de imagens continuamente renovadas, de totalidades que se fingem eternas, mas que ele pode reduzir a qualquer momento a sua verdadeira dimensão pelo simples procedimento de apertar o botão do controle remoto e trocar de canal ou desligar o aparelho.

No fundo, a eficácia publicitária tem suas raízes nessa tensão entre permanência e fugacidade. Entre os infinitos mundos que a publicidade constrói, sempre existe a possibilidade de um novo. O receptor publicitário, travestido de consumidor, circulará por meio da selva que compõem as mensagens e os produtos disponíveis na esperança de que, porventura, o próximo seja o "ente" efetivamente permanente, ao fim libertado da fugacidade.

Talvez a principal razão da fascinação publicitária resida no fato de que essa capacidade para fingir como permanente incontável fugacidade se instale no âmbito em que regem as verdadeiras permanências dos humanos: a necessidade de alimentar-se, de vestir, de abrigar-se, de ser aceito, de ter amor, afeto, alguém, mesmo que um modelo em cena de um anúncio publicitário, que destine um ardente olhar somente para você...

A publicidade se esforça para imaginar um cenário em que as promessas de felicidade se encarnem, ao fim, em um produto "definitivo".

Buscar por meio da publicidade um sabão em pó insuperável, que realmente "lave mais branco". Será que é possível, há mais de 50 anos, lavar cada vez "mais branco", sem limites? É certo que não estamos no plano da racionalidade, senão evidentemente não seria mesmo possível.

Quem crê na publicidade? Acreditamos que o consumidor "joga" com a publicidade. Lembrando a máxima gadameriana (Hans-Georg Gadamer, 1900-2002) que "jogar é ser jogado", o consumidor/espectador ora crê por não ter outra opção ou pela própria conveniência, ora julga que é apenas publicidade e poderá até mesmo fazer um juízo positivo consciente a respeito, por exemplo, da estética que se apresenta. Talvez o consumidor acredite na publicidade pela incessante encarnação de novas promessas aparentes do produto que possam se revestir em atributos de novidade e satisfação. Ou, quem sabe, o consumidor simplesmente acredita nas promessas publicitárias, sem razão ulterior.

A publicidade, por recriar uma infinidade de vezes o idêntico, adquire a dimensão estratégica de marca plenamente assumida. O caubói de Marlboro – uma das maiores criações da história da publicidade mundial e uma das encarnações já vistas, o ator Wayne McLaren, morto no verão de 1992 em razão de um câncer de pulmão resultante do consumo de cigarros, podia comparecer semanalmente nas páginas de nossas revistas e *outdoors* com a condição de adotar em cada nova ocasião uma aparência, em cenários distintos. O idêntico só pode funcionar em termos publicitários na medida em que pareça cada vez diferente. Acreditamos que só os bons produtos chegam a colaborar a favor da permanência, a irrecusável fugacidade unida ao publicitário. No extremo oposto, quando o produto é um "mero simulacro", o mais provável é que não resista a essa reconversão em imagem publicitária e que adote toda classe de aparências no curso de suas sucessivas mostrações publicitárias, desde o desenho impossível de encontrar ao traje que se adapte a sua inexistente figura. Entre ambos os extremos, a fulguração publicitária tratará de circular pelo difícil caminho que flanqueia, por um lado, a intrínseca fugacidade publicitária e, por outro, a permanência a que aspiram os produtos e os serviços ou a continuidade que postulam as mensagens.

O que acontece é que simplesmente plantar mensagens publicitárias em termos de verdade ou falsidade é desconhecer totalmente a questão. A publicidade, enquanto "profecia que se cumpre por si mesma", resulta fora de qualquer planteamento que pretenda fazê-la coincidir em termos de verdade com uma realidade preexistente, como no exemplo anterior do sabão em pó que lava cada vez mais branco. Não existe, de acordo com o modelo que está na base da publicidade vigente, outra verdade publicitária senão aquela que ela mesma enuncia, e o cometido publicitário consiste em revestir de verdade – somente válida no interior da própria publicidade – a todo tipo de "entes" – objetos, serviços, instituições, promessas eleitorais, pessoas –, fazendo-os constar no cenário público. Assim, questionar afirmações publicitárias em função de seu conteúdo de "verdade" ou "falsidade" supõe uma dupla informação: em primeiro lugar, a publicidade tal como hoje a vivemos se refere a algo alheio a seus próprios planteamentos; em segundo, não se pergunta acerca da "verdade" ou "não verdade" de algo que produz sua própria verdade. A publicidade não precisa ser acreditada para ser eficaz. De acordo com Fabbri (1990 , p. 20), o "discurso publicitário funciona hoje sem crenças". A publicidade que não se propõe a responder a nenhuma verdade preexistente, tampouco exige uma resposta de seu receptor em termos de validação de suas afirmações. Mas se apenas entendermos que a validação se dá pelo consumo daquilo que foi comunicado.

Publicidade: mais que anunciar produtos... significar marcas

O objetivo da publicidade não consiste em anunciar produtos, mas sim em significar marcas. Ela se produz ao preço de uma progressiva separação entre marca e produto, desde o momento em que a crescente competição entre marcas impede, em quase todos os casos, de "exclusivizar" uma vantagem do produto e na medida em que, também, em uma sociedade de simulacros em que vivemos, a entidade meramente sígnica da marca necessita cada vez menos da "realidade" material antecedente do produto.

As marcas acabam por se desencarnar dos produtos que lhe deram origem, passando a significar algo muito além deles próprios. A independência da marca é vista de maneira bastante sutil nos fenômenos extensionistas, como, por exemplo, a utilização da marca Bombril para designar outros produtos que não apenas a lã de aço. A autonomia pode chegar à desencarnação total, levando a marca a adquirir um sentido de vida totalmente descolado do produto. Esse fenômeno pode ser atestado no exame mais acurado, por exemplo, da marca de cigarros Hollywood. Mais do que marca de cigarro, Hollywood é signo de sucesso! A marca descolou-se há muito tempo do produto cigarro, indo parar em roupas e acessórios de moda, como símbolo de um estilo de vida, a vida com sucesso. Ainda outro exemplo na categoria de cigarro é o caso de Marlboro, que se apresenta como uma das marcas mais desencarnadas do produto que lhe deu origem. Em parte por uma estratégia antiga, em parte pela necessidade de se desvincular de um produto extremamente danoso à saúde e com sérias restrições publicitárias em quase todo o mundo.

Os objetos e os produtos de semelhante orientação estão claros na opção estratégica: salvar a marca da deterioração e do desgaste material ou simbólico (comunicando uma imagem muito mais asséptica a respeito dela: mas, definitivamente, puro signo) e iniciar o processo de desencarnação, de modo que seu capital-imagem possa reencarnar em outros produtos que a dirijam até novas oportunidades de negócios. Esse caminho objetiva a salvação da marca, o que não seria possível se estivesse vinculada ao produto.

A chave desse jogo de malabarismos descansa finalmente na mencionada separação entre marca e produto. Nessa perspectiva, podemos estar assistindo ao prodígio nascimento de um perfume para homens promovido na realidade por meio de uma determinada marca de cigarros, por exemplo. Uma vez que a publicidade marcária esteja descarnada e liberta de sua interior plasmação em um específico produto, estamos propiciando o potencial nascimento de novos produtos, que já surgem com o vigor simbólico constituído por ela.

Camel, famosa marca de cigarros, por exemplo, foi transmutada em todo o tipo de produtos e acontecimentos esportivos: roupa informal, perfumes masculinos, relógios, botas, *rallies* de aventuras, shows etc. Do mesmo modo, a marca Land Rover transborda os limites de marca de carro para dar significação a um estilo de vida específico que mescla força, aventura com descontração e jovialidade.

Radu Bercan/Shutterstock

Identidade visual da marca Land Rover.

Publicidade: "Diga-me com que marca andas e te direi quem és"

Conforme as "velhas" entidades, como Deus e a Igreja, a Pátria e assemelhados, vão perdendo sua função enquanto veículos totalizantes de coesão social ou narrativas estruturantes do "estar no mundo", mais a função de identidade tende a ser exercida pelas marcas, mesmo que muitos neguem esse caminho. Não se trata de obra de ficção; as pessoas estão mergulhadas em uma confusa e sempre reemplacável turba de marcas comerciais, especialmente nos centros urbanos. A marca comercial passou a constituir-se em um dos escassos veículos de adesão social que estão à disposição dos indivíduos em nossas atuais sociedades excessivamente desideologizadas e sedentas por "entidades" que permitam coesão.

Em viagem a Cuba, no ano 2003, ao chegar à cidade de Havana, esta autora deparou-se com uma estranha sensação: uma paisagem urbana sem qualquer publicidade! Não havia luminosos, *outdoors*, placas de rua ou qualquer outra manifestação publicitária. Para uma cidadã paulistana e apaixonada pela urbanidade das grandes cidades, aquela cena foi impactante. E naquele momento veio a indagação: como é viver em uma sociedade sem marcas? Certamente, esta indagação será mais uma referência histórica, uma vez que acompanha vários indícios de abertura ao capitalismo em Cuba, e com ele a profusão de marcas será inevitável.

Este pequeno exemplo nos apresenta a dimensão que as marcas acabam sorrateiramente assumindo em nosso cotidiano. Aderir a uma marca não é apenas expressar uma determinada filosofia, participar em tudo de um estilo de ser ou de sentir a respeito da qual aquela vem a atuar como porta-estandarte, como alegoria. Marca – participação delegada ou vicária, caso se prefira, mas não muito mais alienante do que resultava a adesão incondicionada aos valores periclitados de épocas passadas, da Igreja ou mesmo do Estado.

A Axe lançou um filme com a propaganda das novas fragrâncias diárias da marca cujo protagonista é o modelo albino Shaun Ross. Para assistir ao filme, acesse: <http://www.youtube.com/watch?v=ibNW15Eh4gl>.

É por isso que essa nova função social por que passa a marca tende a dotar-se também de um novo caráter exibitório. O que antes era puro compromisso do fabricante com seu produto revela-se agora instrumento de participação individual em um valor coletivo que se tem de proclamar à vista de todos para ser aceito. No ápice desse processo de institucionalização dos signos comerciais, que é um processo de perversão do primitivo valor estritamente comercial de sua marca, cabe imaginar uma marca que não "marca" nenhum produto, senão que se exibe sozinha, como instrumento de participação em – ou de adesão a – uma imagem que se elaborou em torno dela. E, sem nos atermos a certos produtos atuais – meros suportes para a exibição da marca –, temos de concluir que não nos encontramos muito longe de semelhante *desideratum*.

Assim, podemos compreender, em toda a sua plenitude, a dimensão de templo, que vem desempenhar na atualidade determinadas instituições mercantis, tais como hipermercados, centros comerciais, agências bancárias, entre outros, com uma grande diferença: nos velhos templos edificados a serviço de uma forma de religiosidade, toda a atenção se canalizava no altar, ao passo que nos novos templos presentes em nossa sociedade de consumo, a atenção encontra-se por definição dispersa mediante uma profusão, sempre renovada e imprevisível, de marcas comerciais.

A marca comunica-se com os consumidores por meio dos sentidos e das emoções que é capaz de gerar e os "templos" que as abrigam contribuem para reforçar essas sensações. Essa construção perceptiva é possível por meio de nossas experiências sensoriais. Nossos sentidos são a "porta de entrada" das nossas percepções, são condutores de significados que se constroem no cérebro e tomam a nossa consciência e corpo. Além da experiência de consumo, a sensorialidade dos produtos e das marcas, como vimos anteriormente, é fortemente influenciada e até condicionada pelas cores, formas, odores, texturas etc. de que os objetos são feitos. O caminho para explicitar essas expressividades e sensorialidades é a publicidade – ela traz vida à marca, e é por isso que propomos nos aprofundar neste tema.

Ao recuperarmos o aspecto de coisa do produto, ou seja, sua não distintividade, as expressões e as potencialidades sensoriais da marca, percebemos que entramos em uma reflexão um pouco mais profunda: um produto não é nada, "daí" ele tem uma marca e por isso ele é "tudo". Obviamente, há uma caricaturização na afirmação, porém parece que a marca confere a real existência aos produtos, permitindo independência na sua existência. E o mesmo poderia se aplicar às empresas, aos serviços ou a qualquer ente passível de ter marca. Nessa direção, questionamo-nos: basta aderir a uma marca para que o produto passe a ter existência? Também percebemos que não. O elemento que está por trás da criação e sustentação das marcas é a publicidade. Como sabemos que uma bola com um quadrado dentro, com outra bola menor dentro dele, é a TV Globo? Ou, ainda, que uma maçã mordida (Apple) refere-se a computadores? Ou que elefante verde remete a extrato de tomate? A disseminação dos símbolos marcários só é possível por meio da publicidade, entendendo-a em toda a sua complexidade midiática, o ecossistema publicitário.

Porém, só publicidade não é tudo. De nada adiantará todo o investimento na criação e no desenvolvimento de expressividades marcárias excelentes, investimentos pesados em publicidade nos principais veículos, se o produto não for bom e a experiência do consumidor não for altamente positiva. Em outras palavras, não há sustentação mercadológica apenas com imagem positiva, por que essa se esvaece. Durante algum tempo, é possível sobreviver, mas se os consumidores não têm experiências positivas, ou seja, se não se sentem satisfeitos com os produtos/marcas, rapidamente deixam de comprá-la, porque no mercado competitivo "alguém" conseguirá agregar excelente imagem com satisfação.

O reconhecimento de uma marca faz-se pela repetição de seus elementos básicos. A redundância permite a fixação na mente das pessoas e, se bem planejada e executada, garantirá a fixação da marca associada a situações positivas e prazerosas. É nessa perspectiva que a publicidade e o publicitário florescem.

As agências e os profissionais de comunicação devem compreender a essência da identidade da empresa, os símbolos que a tornam visível, de modo a integrá-los, de forma explícita e bastante sutil, nas suas mensagens.

Publicidade: caminhos possíveis

Os caminhos da publicidade são muitos, mas suas funções podem ser tipificadas em:

- informação;
- persuasão;
- lembrança;
- agregação de valor;
- reflexo social;
- construção de valores sociais

Além dessas funções, podemos citar sua utilização como auxiliadora dos processos promocionais das organizações e marcas.

Uma das principais funções da publicidade é a de informar as pessoas. Informar a respeito de usos ou novos usos de um produto; informar sobre locais de venda e preço; informar sobre as precauções durante o uso e outras questões em que se objetiva atingir o plano consciente dos consumidores.

A persuasão é outra função da propaganda. A propaganda também tem por função influenciar os consumidores, levando-os à ação de compra. Criar demanda é a palavra. A persuasão deverá ser sutil para ter maior eficácia. Normalmente, são utilizados apelos emocionais. Na publicidade brasileira, os apelos de maior poder persuasivo são: a sedução, o humor e a ludicidade e as misturas destes, como temos acompanhado nas recentes publicidades das cervejas nacionais, em que são agregadas mulheres exuberantes (como sempre foram), animaizinhos engraçados em situações de grande humor (caranguejos, tartarugas etc.). Essa combinação é culturalmente bem-aceita no Brasil.

Os caminhos da persuasão seguem de certa maneira as possibilidades da linguagem manipulatória. Fiorin (1997, p. 22-23) apresenta os principais tipos de manipulação de uma narrativa, que são: a tentação, a intimidação, a sedução e a provocação. A tentação está vinculada à ideia de recompensa, levar o outro a agir da maneira que se quer, dando a ele algo de valor em troca: "se você comer tudo, ganhará um chocolate". A intimidação segue a linha oposta, ou seja, manipular por meio de uma ameaça: "se você não comer, ficará de castigo, sem ver televisão". Outro caminho é levar o indivíduo que se pretende manipular a fazer o que se quer por meio de um juízo positivo, de uma exaltação: "só você seria capaz de fazer isso...". E a provocação é manipular por meio de um juízo negativo: "deixa ... você não é capaz de fazer isso!".

Analisando a proposta apresentada por Fiorin a respeito dos principais tipos de manipulação, percebemos que a publicidade lança mão fortemente da sedução – juízo positivo – e da tentação – recompensa –, especialmente quando agrega promoções às suas mensagens. A provocação também aparece, mas em menor profusão; e a intimidação, por motivos óbvios, não é utilizada como recurso publicitário, pelo menos na atualidade.

A propósito da provocação, cabe lembrar várias campanhas da Benetton que foram recebidas como provocações, ou pelo menos, como mensagens geradoras de grande estranhamento.

Lembrar. Ser lembrado é outra função da propaganda. Estar na mente dos consumidores não é tarefa fácil. A lembrança é fruto de uma rede de associações de significantes que fogem da nossa mente consciente. Algo nos lembra de algo, que lembra outra coisa, e assim sucessivamente. Em determinadas situações, as correlações são óbvias, não exigindo grandes recursos criativos; porém, determinar que elemento dará início à rede de associações que garantirá a lembrança requer muito planejamento, além de exigir mente criativa. Um caminho para a lembrança pode estar na utilização da publicidade sensorial, estimulando sensações que operarão na memória das pessoas, mesmo que inconscientemente. Fragrâncias diversas têm sido usadas com o intuito de desencadear redes de associações positivas em lojas de roupas e comércio de alimentos.

Adicionar valor. Há três caminhos básicos para adicionar valor a um produto ou marca: a inovação, a melhoria da qualidade e a alteração na percepção do consumidor. A propaganda é uma grande auxiliar na mudança da percepção do consumidor. Exemplo disso foi a campanha de reposicionamento das sandálias Havaianas em meados da década de 1990, que elevou o produto de um "simples chinelo" destinado às classes C, D e E para ícone de elegância, modernidade e diferenciação das classes A e B. É claro que essa alteração da percepção do consumidor só se tornou possível porque o mix de marketing foi totalmente reposicionado com vista a esse novo direcionamento estratégico. O caso das Havaianas é exemplar, pois se trata de um produto lançado pela Alpargatas em junho de 1962, que era metonímia da categoria até início dos anos 1990. Depois disso (concorrência, novas alternativas para os consumidores etc.), usar Havaianas passou a ser "atestado de pobreza". Nas palavras da própria empresa (*Exame*, fev. 2003), na estratégia de reconstrução (na verdade, de ressurreição) da marca, nenhum "P" do marketing foi esquecido. Após o reposicionamento, os investimentos em publicidade passaram a representar 12% das vendas do produto.

Comunicar inovações é adicionar valor. Por exemplo, no concorrido mercado dos amaciantes de roupas, a Comfort, marca da multinacional Unilever, lançou, em 2002, o Comfort Classic com colágeno, cujo principal benefício era retardar a formação de bolinhas nas roupas. Essa inovação foi apoiada em uma belíssima campanha publicitária da Ogilvy no Brasil, intitulada "mundo do pano". Trabalhando com a ludicidade, com o faz de conta e o humor, caminhos que despertam alta afetividade, as informações sobre a inovação do produto iam se construindo fluidamente pelos comerciais para

Campanha dos calçados Melissa: busca eficiente de alteração na percepção do consumidor.

Divulgação

TV e anúncios em mídia impressa e exterior. Neste exemplo, é patente o aspecto de agregação de valor que uma publicidade pode assumir na comunicação de uma inovação do produto.

A publicidade pode ser usada para divulgar, por exemplo, uma grande campanha promocional. Auxiliar em outros esforços comunicacionais é uma frequente função da propaganda. Pode, também, ser utilizada como apoio institucional à imagem da marca da empresa. Auxilia ainda os vendedores e os representantes, facilitando o processo de aquisição. Nesse sentido, ela tende a ser informativa, por informar a respeito da promoção, e também persuasiva, por objetivar levar as pessoas a comprar. A publicidade é reflexo da sociedade moderna, expressa seus quereres, seus valores. Até aqui podem dizer que há consenso, principalmente no Brasil, onde o *locus* de publicidade é e sempre foi privilegiado. No entanto, notamos, nos últimos anos, que a publicidade brasileira é também de valores sociais. Ou seja, ela não apenas expressa e reflete, como um espelho, mas é parte constitutiva dos valores compartilhados (Perez, 2015).

Publicidade: abordagens sígnicas

Vimos que a publicidade possui inúmeras funções e abordagens que devem ser analisadas de acordo com o tipo de produto e a marca que se pretende comunicar, com o consumidor e com o posicionamento estratégico, enfim, todo o contexto. Os caminhos para alcançar os objetivos a que se propõe uma publicidade nunca são garantidos e previsíveis por se tratar de uma arte-ciência essencialmente humana e, portanto, complexa. A dimensão artística da publicidade deve ser mais bem analisada. Em muitas situações, esta questão aparece como fulcral em discussões acadêmicas e de mercado.

Nosso entendimento é que a semiose artística está baseada na livre e movente interpretação, ou seja, há um desprendimento total de intenção. Quando nos reportamos à semiose publicitária, que pode utilizar-se da arte como pano de fundo, esta é orientada estrategicamente à valorização da imagem de uma marca e até mesmo direcionada simplesmente à compra. E, nesse sentido, a semiose publicitária contraria os preceitos peirceanos de semiose ilimitada. No caso publicitário, a semiose é orientada a um determinado objetivo, em que pese não ser fator de diminuição, ao contrário, apenas é revelador de um direcionamento arbitrário. É por isso que a essência do *representamen* (signo), no caso publicitário, é a marca. Também não estamos negando a existência de uma arte publicitária; ela existe, mas no sentido da genialidade e da originalidade da criação, não nos seus objetivos, ou mesmo a falta deles.

Aclarados alguns preceitos (desta autora) sobre a arte publicitária, passemos aos seus caminhos possíveis. Por meio da experiência e da leitura de pesquisadores da área, percebemos que alguns desses caminhos têm-se mostrado mais eficientes que outros. Propomos uma tipificação a seguir que, longe de esgotar as possibilidades, visa tão somente agrupar algumas possibilidades sígnicas para facilitar a compreensão e a sua utilização. O agrupamento proposto leva em consideração as respostas potencialmente dadas pelos diferentes tipos de consumidores. Essas abordagens estratégicas são: racional, sociocultural, comportamental e psicanalítica.

Abordagem racional

A abordagem publicitária racional tem o centro de suas ações no *approach* caracteristicamente informativo. Acredita-se então que o homem é regido pelas leis da razão e que possui, portanto, uma consciência essencialmente clara e objetiva. O produto é visto como uma resposta a uma demanda específica e determinada e as questões econômico-financeiras – como preço, eficácia, garantia, segurança, durabilidade, flexibilidade de uso, assistência técnica etc. – devem ser exaltadas. Outra característica desse consumidor, que deve ser levada em conta pelo publicitário ou pelo profissional de comunicação, é que ele tende a fazer pesquisas de preço, ouvir conselhos e demonstrações do produto, procurando com isso obter o máximo de informações precisas antes de tomar a sua decisão de compra. Esses consumidores são menos sensíveis a apelos afetivos ou simbólicos. A publicidade de tradição anglo-saxônica, baseada na díade problema-solução, tem vastos exemplos. Até pela presença maciça de marcas alemãs, inglesas, suíças etc., no segmento farma (farmacêutico), estes são exemplos patentes do uso de abordagem racional: você tem uma dor (bola vermelha), surge um agente (remédio de marca) e a dor (bola vermelha) desaparece... O que muda é apenas a localização da "bola vermelha".

Abordagem sociocultural

O homem é um ser social por excelência, vive em um contexto que influencia suas ações ao mesmo tempo que também influencia as outras pessoas com as quais convive. O ponto central desta abordagem é entender o homem no seu entorno, integrado em seu espaço social e cultural. Os produtos configuram-se como símbolos sociais, responsáveis pelas sensações de aceitação e de pertencimento a um determinado grupo social. Os indivíduos são reconhecidos e valorizados pelo seu estilo de vida. Ao valor de uso do produto é agregado a seu poder de conferir *status* social por meio de sua significação simbólica. Aqui poderíamos retomar toda a análise a respeito das marcas e de seu poder simbólico. Alguns autores afirmam que os modelos socioculturais "fabricam" e reproduzem elementos da personalidade das pessoas. Assim temos marcas e pessoas arrogantes, fraternas, felizes, bem-humoradas etc.

Os aspectos socioculturais são responsáveis por esta abordagem. O risco deste modelo é o de cair em clichês como, por exemplo, acreditar que todo italiano é sedutor, todo alemão é rígido ou que todo brasileiro é um excelente jogador de futebol e sambista! Com restrições, algumas questões são verdadeiras e trazem resultados importantes. A L'Oréal, no Brasil, aposta na sua marca pela distintividade toponímica, ou seja, se é um cosmético francês, possui alta qualidade e, nesse sentido, a empresa nem mesmo se preocupa em produzir comerciais para a mulher brasileira, limitando-se à utilização de péssimas dublagens e modelos que não correspondem ao biotipo nacional. A pergunta é: funciona? E a resposta, até onde pudemos apurar, é, sim, em termos de vendas. Acreditamos que atualmente há total intencionalidade na utilização da dublagem e não "descuido" da empresa. Isto é possível pelo arraigado reconhecimento em nossa cultura de que a cosmética francesa é refinada e de alta qualidade, conferindo diferenciação e *status* elevado.

No ano 2000, em viagem à Alemanha, percorrendo as ruas da cidade interiorana de Kassel, esta autora deparou-se com inúmeros *outdoors* do "mundo de Marlboro". Após alguns segundos e já com olhar investigativo, notou que não havia qualquer sinal da identidade visual da marca. Na verdade, não precisava... A explicação era de que a publicidade de cigarros estava proibida e a "alternativa" foi comunicar o mundo de Marlboro sem a assinatura da marca. É claro que a marca de cigarro estava ali, não na materialidade do cartaz, mas no imaginário de cada uma das pessoas que passavam diante daquelas imagens. A cor, a textura, os personagens e todo o contexto apresentado criavam uma rede de significantes que levava a Marlboro, sem hesitação. Isso só foi possível porque a marca tem o que chamamos estofo, construído ao longo de muitos anos e com grandes e certeiros investimentos publicitários.

Nesse modelo, também são trabalhadas as campanhas que pretendem associar o produto a um consumo de um grupo específico, como, por exemplo, a criação do Smart Car, conforme já dito anteriormente, um carro que contou com o design da Swatch, fabricante de relógios da Suíça, e a qualidade em construção de carros e marca da alemã Mercedes-Benz. O resultado foi um carro para um público que valoriza o design e a alta qualidade em carros, sem se preocupar com preço.

Os estilos de vida como presentes nas campanhas de Yves Saint Laurent ou Calvin Klein são um bom exemplo de expressão simbólica de um determinado público; além disso, essas marcas agregam também aspectos de grande sedução e *glamour*, bem-explorados em suas publicidades.

O magazine espanhol El Corte Inglés é outro exemplo do uso da abordagem sociocultural na expressividade publicitária. Apela para um aspecto

Divulgação. Uso gentilmente cedido pela Tecnisa.

Campanhas com temática atual relacionada à questão de gênero e à sexualidade. Fonte: <http://www.epocanegocios.globo.com/inspiracao/vida/noticia/2012/08/marcas-se-dao-bem-com-acoes-para-o-publico-gay.html.> Acesso em: 30 ago. 2016.

sublime da cultura – a obra de arte, mas não uma obra ou um artista "qualquer". Utiliza em uma de suas campanhas o quadro *Las meninas* de Diego de Silva y Velázquez (Sevilha, 1599 – Madri, 1660), genial pintor espanhol do século XVI considerado pelos espanhóis "el pintor de los pintores". E para quem tem Goya (Fuentendos, 1746 – Bordeaux, 1828), Salvador Dalí (Figueras, 1904 – Barcelona, 1989) e Picasso (Málaga, 1881 – Mougins, 1973), essa consideração é extremamente relevante, e não foi casual. O magazine utilizou-se da manipulação da imagem da infanta Margarita, personagem do quadro fundida com a imagem de uma mulher moderna, elegante e refinada, objetivando a fusão dos valores artísticos com o refinamento a que se propõe o magazine, e, consequentemente, do consumidor que frequenta as lojas. É acrescida ainda a assinatura "El arte de comprar", que encerra com brilhantismo a proposta da metaforização artístico-publicitária.

Las meninas (Maids of Honor) 1656-57; Museo del Prado, Madrid.

Las meninas, de Diego Velázquez.

Abordagem comportamental

Neste *approach*, o consumidor não segue uma lógica racional, mas, sim, reage a estímulos externos, sendo muitas vezes levado a agir por meio de técnicas promocionais. Suas ações de compra são tomadas de maneira rápida, quase condicionada e automática. O consumidor é bombardeado pela publicidade e pela promoção de vendas, reagindo positivamente a ações do tipo: ofertas de curta duração, pacotes promocionais, brindes, promoções relâmpagos, sorteios, saldos, concursos etc.

Jouve (1992, p. 16) entende que o condicionamento também se aplica à publicidade e não apenas aos fenômenos da aprendizagem formal. O autor acredita que o consumidor pode passar a agir mediante reflexos condicionados por estímulos publicitários. Assim, quando um slogan ou jingle é associado a um produto e o consumidor o memoriza, depois de um mecanismo intenso de repetição, ele remeterá seu pensamento automaticamente ao produto sempre que ouvir o slogan ou jingle, mesmo que não esteja material e visivelmente associado. Nesse sentido, a abordagem é essencialmente comportamental por meio da repetição.

Esta abordagem, mesmo não se utilizando de recursos sofisticados, é bastante comum e tem sua eficácia facilitada pelo movimento frenético dos

Divulgação.

Publicidade expressiva da marca Todeschini.

grandes centros comerciais. A utilização promocional de brindes, por exemplo, é muito eficaz, pois traz para o consumidor toda a afetividade que está por trás de "ganhar um presente". O McDonald's com o McLanche Feliz, produto que agrega sanduíche, brinquedo e surpresa (combinações bombásticas para crianças), segue rigorosamente esse caminho.

Abordagem psicanalítica

Nesta abordagem, entende-se que o consumidor não reage a estímulos racionais, mas sim a estímulos emocionais e afetivos. A questão central é a identificação da motivação emocional do consumidor. São fatores internos e normalmente inconscientes que levam à compra de determinado produto. Trata-se da pulsão, da busca incessante do prazer. A publicidade deve trabalhar com uma linguagem sugestiva, detetivesca em certa medida, indicial e simbólica, deixando o imaginário afetivo do consumidor operar.

A argumentação não será objetiva, mas sim sugestiva de sensações, atmosferas, sentimentos. Ilha de Caras, Castelo de Caras... Entendendo que o desejo é inconsciente[1] e que é revelador de uma falta, a publicidade "entrega" a completude possível por meio do consumo – busca a satisfação, ainda que sempre transitória.

Na abordagem psicanalítica, a utilização dos símbolos está fortemente presente. A carga simbólica das cores, das formas e dos sons é ferramenta amplamente difundida nesse tipo de publicidade.

Cada uma das abordagens apresentadas tem suas restrições de ação, porém uma das que apresentam maior risco é a que se utiliza da publicidade sugestiva, como recomendada na abordagem psicanalítica. Os riscos, resumidamente, são: o anonimato, o hermetismo e a confusão que essa abordagem pode causar nas mentes dos consumidores.

1 Para se aprofundar no assunto, ler artigo "Marketing da completude: a busca do objeto de desejo", disponível em: <www.pucsp.br\psilacanise>, seção semiótica.

Anonimato

Os riscos são de os esforços da publicidade não aderirem à marca. O consumidor lembra-se da propaganda na televisão, recorda-se do slogan e do jingle, de banner na internet, mas não sabe a que marca se refere. Nesse caso, todos os esforços foram perdidos.

Hermetismo

A publicidade sugestiva muito se utiliza da linguagem metafórica e indicial, perdendo-se, com isso, o total controle da mensagem. O monitoramento acaba por ser parcial. A publicidade dá uma abertura interpretativa, exigindo, muitas vezes, um repertório (campo de experiência) específico do consumidor para entendê-la. A comunicação pode se tornar fechada demais e de difícil acesso. Mais ou menos como colocar em um rótulo de uísque nacional um monstro saindo de dentro de um lago e imaginar que o consumidor vai associar essa imagem à qualidade do produto: monstro saindo do lago, lenda do Monstro do Lago Ness – Escócia – uísque de qualidade. É forçar demais!

Confusão

A confusão pode acontecer ao se utilizarem símbolos coletivos, como estrelas, corações e cruzes. Em nível do produto, a confusão poderá estar presente quando, por exemplo, se utilizam marcas idênticas ou semelhantes para diferentes produtos – chocolate Dove e xampu e sabonete Dove, apenas para ilustrar. Outro exemplo diz respeito ao contexto. O conceito e a ambientação de refrescância são comuns para produtos como sorvetes, creme dental e, em certa medida, desodorantes. Portanto, a utilização da linguagem indicial e simbólica deve ser muito cuidadosa para não confundir o consumidor, levando-o a fazer associações do mundo da beleza para cabelos quando se quer comunicar chocolates!

A tipificação dessas abordagens tem por objetivo auxiliar no entendimento e na pesquisa publicitária. Em muitas situações, há a presença de mais de uma abordagem na mesma campanha, não sendo possível enquadrá-la em uma ou outra situação sem a ressalva de que em certa medida também pertence a outro tipo. Mesclar esses modelos, por exemplo, funcional e sugestivo pode trazer maior amplitude de público. As restrições são apenas as de não conseguir "conversar" com nenhum dos públicos – nem com o que responde a estímulos racionais nem com aquele que responde a estímulos emocionais. A medida certa encontra sua resposta no planejamento publicitário e na criação.

As táticas publicitárias

Vimos anteriormente as abordagens estratégicas que a publicidade poderá lançar mão para atingir seus objetivos. As táticas dizem respeito às questões mais operacionais que poderão auxiliar na criação e no posicionamento do produto ou da marca.

Podemos agrupar as táticas publicitárias em ações que envolvam questões relacionadas à necessidade e ao desejo do produto, ao prazer de consumi-lo, à minimização dos esforços com o consumo e com as facilidades de aquisição, por exemplo. As táticas publicitárias mais utilizadas são:

Enfatizar a necessidade

Explicitação e reforço da condição de que o consumidor precisa muito daquele produto constituem uma tática frequente na publicidade. Muitas vezes não há consciência a respeito da necessidade do produto e, nesse sentido, a tática é auxiliar nessa conscientização, chamando sua atenção e despertando seu interesse.

Amplificar o prazer

Aqui o foco deverá estar nos benefícios que o produto ou a marca trarão aos "privilegiados" que os consumirem. Aumentar a extensão do prazer durante o consumo. "Bem estar bem", assinatura da Natura. Pão de Açúcar, "Lugar de gente feliz".

Minimizar os esforços

Apresentar facilidades de acesso ao produto é um caminho. Hoje, com o arrefecimento do comércio eletrônico e das lojas de conveniência, *pop up stores*, itinerâncias etc., os esforços para aquisição poderão ser em muito diminuídos. Um exemplo bastante recente são os *food trucks* espalhados pelas principais cidades mundo afora. A ideia central é disponibilizar alimentos especializados e de qualidade próximos às pessoas, nas ruas, praças, calçadas, aumentando a conveniência e o sentido de proximidade.

Reduzir as interdições

Se, por exemplo, um dos limitadores do consumo for o financeiro, o que interditará a compra, apresentar soluções de preço e facilidade de crédito, poderá ser uma tática recomendável. Reforçar as facilidades de pagamento é outro caminho. O papel da publicidade é também o de estancar as interdições de consumo motivando a busca de um caminho alternativo. Muitas vezes, por meio de serviços oferecidos por financeiras e sociedades de crédito, é possível realizar uma venda com ganhos para o consumidor e para quem está vendendo.

A importância do tema na publicidade da marca

Temas referem-se ao conteúdo, ao significado, à imagem projetada de uma identidade, a uma proposição que será desenvolvida no decorrer das peças publicitárias.

Temas corporativos e de marcas são sinais e símbolos culturais criados por designers, publicitários, arquitetos e outros criadores de identidade para expressar características corporativas, ideias, marcas e produtos.

As organizações usam temas para fornecer âncoras mentais e pontos de referência para o público. Esses últimos permitem que o consumidor insira uma organização em um contexto mais amplo e diferencie sua posição. Temas podem ser expressos mais acentuadamente se são:

- usados como expressões prototípicas, funcionando como modelos dos valores relevantes ou da missão de uma organização, ou da personalidade de uma marca;
- repetidos e adaptados com o passar do tempo;
- desenvolvidos, formando um sistema de ideias integradas.

Temas possuem contexto prototípico. Psicólogos definem um protótipo como "um exemplo hipotético, mais típico de uma categoria". Protótipos têm em sua essência determinados traços característicos. Ao mesmo tempo, são idealizações da realidade, um querer ser, e não a realidade propriamente dita. São como modelos.

As imagens prototípicas baseiam-se por vezes em pessoas de "carne e osso", as quais ao longo do tempo tornam-se sinônimos de certo tipo de pessoas e são captadas como protótipos e não como indivíduos comuns. Fundadores de empresas e empresários independentes bem-sucedidos são exemplos de protótipos. Bill Gates é hoje um bom exemplo de protótipo de sucesso.

Estrategicamente, é mais compensador usar uma figura prototípica para representar uma empresa e seus produtos do que clientes reais ou porta-vozes famosos para uma representação temática. A figura prototípica é um símbolo genérico e, consequentemente, exerce atração mais ampla e tem maior potencial de identificação de clientes do que um porta-voz. Ademais, essas figuras não possuem vida própria e não têm ação real; trata-se de um mito que não está sujeito a críticas como um porta-voz inevitavelmente estaria. Um excelente exemplo de problemas que podem acontecer quando se usam porta-vozes é o caso clássico norte-americano da locadora de veículos Hertz. A empresa vinha utilizando O. J. Simpson como seu porta-voz em todas as campanhas na mídia impressa e audiovisual e, com o julgamento de Simpson por assassinato, a Hertz ficou em uma situação bastante complicada. Ou ainda, como mencionamos no Capítulo 1, a Nestlé®, com a promoção de sorteio de casas protagonizada pelo apresentador de televisão Gugu Liberato e o seu envolvimento em suspeita criminosa de fraude jornalística.

Temas exigem repetição para que fiquem marcados na mente dos clientes. Expressões prototípicas repetidas muitas vezes podem facilmente permanecer em suas memórias. A teoria da "ativação expandida" é a principal teoria de memória em Psicologia e em pesquisas sobre comportamento de consumidores. Essa teoria considera os conceitos pontos centrais de uma rede de associações na mente das pessoas, em que diferentes graus de associação são representados por caminhos. Com a repetição, os caminhos tornam-se bem conhecidos, e um ponto (por exemplo, o nome da marca ou o logotipo) ativa com facilidade outras partes da rede e outros pensamentos, especialmente se o tema repetido evoca associações múltiplas favoráveis.

Divulgação.

Design da garrafa como referência desencadeadora de associações positivas para a marca.

Schmitt e Simonson (2000, p. 140) citam a rede de associações da vodca Absolut como um bom exemplo de como os caminhos se formam e são acionados por meio da comunicação publicitária. Entre as pessoas que viram muitos dos anúncios, a marca Absolut está diretamente associada à categoria de produto "vodca", à forma da garrafa, "na moda", e à propaganda diferente. A categoria de produto "vodca", por sua vez, poderia ser associada a limão (porque geralmente é servida com uma fina fatia de limão) e com um destilado puro e cristalino, além de outras marcas (Smirnoff, atualmente uma marca norte-americana com um nome russo, por exemplo). Quando a memória desse consumidor é acionada, quer de forma direta (pela forma da garrafa) ou indireta (pela categoria de produto "vodca", por exemplo, "A escolha clara", "Absolut com limão"), as associações espalham-se por toda a rede e constantemente reforçam as associações relevantes da Absolut.

A publicidade e a construção da marca

A marca oferece, de certa maneira, uma possibilidade de distinguir a oferta da empresa, de diferenciá-la da concorrência e de criar um valor adicional ao que se espera do produto ou da empresa. A marca é ainda uma possibilidade de aproximação entre a empresa e o consumidor, podendo levá-lo a compras repetidas e até à fidelidade. Recentemente Fraenkel e Legris-Desportes (1999, p. 113) sistematizaram a importância da marca, como podemos observar a seguir:

> *Dans cette perspective, la marque semble être l´outil idéal, le dispositif qui permet de créer une proposition unique, de briser le mur de l´indifférence et de l´uniformité de l´offre, de se frayer un chemin victorieux à travers les sables mouvantes de la distribution et de parvenir finalement jusqu´au consommateur, avec lequel la marque permettra enfin de nouer un lien, nourri par la confiance et couronné par la fidélité.*[2]

A maneira de conceituar a natureza das marcas vem evoluindo ao longo dos tempos. Esquematicamente, podemos identificar três épocas distintas : entre os séculos XIX e XX , as marcas eram escolhidas, *grosso modo*, baseadas em nomes próprios ou funções assumidas pelas famílias proprietárias. Podemos citar como exemplos Michelin, Hermès, Renault ou ainda nomes relacionados a certos componentes dos produtos, como, por exemplo, Coca--Cola. Do ponto de vista histórico, estamos ainda na Revolução Industrial em que a lógica da produção dominava o mercado. Nessa época, a grande preocupação era com a distribuição e a comercialização dos produtos no mercado, que se encontrava muito longe de estar saturado. A comunicação nessa fase da vida das marcas era ainda um fenômeno marginal de pouca relevância.

Podemos pontuar uma nova fase das marcas que vai do pós-Segunda Guerra Mundial (anos 1940) até os anos 1970. O impulso do consumo de massa modificou substancialmente a natureza e o papel das marcas. A dimensão industrial era o ponto central nessa fase, mas a progressiva saturação dos mercados, a padronização da qualidade da oferta e uma concorrência

---

2 "Nessa perspectiva, a marca parece ser uma ferramenta ideal, o dispositivo que permite criar uma proposição única, quebrar o muro da indiferença e de uniformidade da oferta, franquear o caminho da vitória pela areia movediça da distribuição e alcançar finalmente o consumidor com o qual a marca permitirá enfim estabelecer um vínculo (laço) sustentado pela confiança e coroado pela fidelidade."

cada vez mais forte fizeram que as empresas sentissem a necessidade de maior visibilidade para seus produtos e de uma comunicação mais eficiente com seus consumidores. Essa fase impulsionou a comunicação comercial e notadamente a publicidade que, aproveitando o desenvolvimento dos meios de comunicação de massa, em especial a televisão, transformou-se em uma ferramenta indispensável da promoção comercial e da difusão sistematizada das marcas. Com a generalização da comunicação publicitária, abriu-se o primeiro espaço para a intervenção da semiótica e das ciências da linguagem. A competência necessária à construção de um produto é atribuída essencialmente aos profissionais de produção, distribuição e venda, traduzindo-se em competências financeiras ou comerciais. Em contrapartida, na comunicação entra em jogo a semiótica. Apoiada em um rigoroso corpo metodológico e em ferramentas conceituais, essa ciência dos signos permite analisar e reparar eventuais distorções na construção, coerência, pertinência e clareza das mensagens consideradas persuasivas e que, portanto, carregam a missão de convencer os consumidores.

Retomando o percurso analítico por meio da publicidade, percebemos que do ponto de vista conceitual, no entanto, a natureza das marcas é bastante ambígua. A dicotomia entre produto e comunicação é ainda muito forte. Na crença da maior parte dos gestores de marcas, a comunicação ainda assume apenas um papel instrumental. A comunicação permite tornar o produto conhecido de modo mais rápido, assim como criar familiaridade e simpatia, e tornar o produto preferido em relação ao da concorrência. Mas as outras dimensões das marcas, por não serem claras, são inexploradas. No binômio produto/comunicação, não está muito nítida a situação das marcas. Mais precisamente, não está claro se cabe à marca a comunicação do binômio, ou se ela "encabeça" e encapsula a totalidade do binômio, ou seja, ela é a síntese. No primeiro caso, a marca é considerada simplesmente como um adicional, que pode ser muito forte no auxílio ao desempenho do produto. No segundo, a visão da marca é muito mais complexa e não pode ser reduzida à simples comunicação do produto. Ela se situa em outro plano, assumindo, muitas vezes, identidade própria, podendo ser usada estrategicamente para atender aos anseios da organização, dos consumidores e da sociedade em geral.

Depois de alguns anos, a marca entra em uma nova fase, que modifica profundamente seu papel e sua natureza. O contexto socioeconômico evoluiu radicalmente. Para mapearmos essa mudança, vamos nos ater aos principais fatos.

De um lado, a explosão do consumo dos bens ditos "intangíveis", como os serviços em geral, a cultura, o lazer, as viagens, os shows e as telecomunicações. Esses bens caracterizam-se, entre outras coisas, pelo seu desaparecimento ou redução no momento em que são produzidos, portanto, a produção e o consumo são simultâneos. Não se permite, assim, sua estocagem. Nas palavras de Berry e Parasuraman (1992, p. 20):

> A intangibilidade faz com que seja mais difícil imaginar e desejar serviços do que mercadorias. Clientes que compram uma consultoria profissional de impostos não têm botões para girar ou apertar (...) Para o cliente, a percepção do risco tende a ser mais elevada em relação aos serviços, porque eles não podem ser tocados, cheirados, provados ou experimentados antes da compra.

Os serviços são dominados pelas qualidades da experiência, atributos que, significativamente, só podem ser avaliados depois da compra e durante o consumo-produção. No passado, muito se acreditava que para serem melhores as empresas deveriam ter mais recursos, maiores fábricas, laboratórios de pesquisa ou canais de distribuição para suas linhas de produção. Hoje, sabemos que as bases físicas raramente proporcionam uma competitividade sustentável. São facilmente contornadas, invertidas, copiadas ou até mesmo superadas. Ao contrário, uma vantagem durável normalmente deriva de uma notável profundidade em habilidades humanas selecionadas, capacidades logísticas, bases de conhecimento, marca e outras forças de serviço e intangibilidades que os competidores não conseguem reproduzir e que levam a um maior valor demonstrável aos clientes.

O crescimento dos serviços, aqui considerado como a desmaterialização do consumo, segue como uma resposta à padronização da oferta material e à saturação dos mercados.

O segundo fenômeno diz respeito à penetração da comunicação em todas as esferas sociais. A comunicação passa a ser uma ferramenta específica a serviço da promoção e da informação de uma entidade (produto, objeto ou ideia) distintiva e preexistente. "A comunicação é, ao mesmo tempo, meio e mensagem, ela é objeto de sua própria atividade, ela é o conteúdo de sua própria forma" (Fraenkel e Legris-Desportes 1999, p. 117).

O crescimento dessas duas tendências – a desmaterialização do consumo e a difusão da comunicação – permite compreender então o papel mais e mais importante adquirido pelos aspectos simbólicos no universo do consumo e a força do mundo das marcas. Há cerca de dez anos, Jacques Séguéla (*apud* Fraenkel e Legris-Desportes, 1999, p. 117) dizia que uma marca de sapatos não vende belos sapatos, ela vende pés bonitos. Esse exemplo pode ser um elemento ilustrativo da "verdadeira" troca, ou seja, uma promessa simbólica – pés bonitos e não o produto sapato. Podemos seguir perguntando: será que uma empresa, que produz xampu, promove trocas do tipo dinheiro por substância líquida para lavar cabelos? Ou será que a troca promovida é de dinheiro por beleza – beleza por meio dos cabelos? Outros exemplos podem ser citados, como os das megamarcas Nike e Adidas. Suas comunicações não estão na construção do conceito de "pés bonitos", mas sim na venda de um estilo de vida, uma visão de mundo, uma maneira de sentir as coisas. A real troca de valor é encontrada na carga simbólica e cultural erguida pela marca.

Se na fase precedente as marcas se nutriam e se sustentavam na comunicação, na fase atual a marca produz significados e se aproxima mais do público. A marca propõe a seus públicos um compartilhar. Consumir Lancôme, por exemplo, significa compartilhar uma visão feminina doce e romântica. Ou consumir Chronos, o antissinais da Natura, é não negar o tempo, mas aderir a ele. Aliás, baseado nessa concepção, a Natura desenvolve suas campanhas publicitárias do produto Chronos com "mulheres comuns" e não com modelos estereotipados de beleza jovem.

O processo de formação de valor da marca e a contribuição publicitária

Esses novos fenômenos de desmaterialização do consumo e de disseminação da comunicação provocaram mudanças radicais na economia e levaram à criação, entre outras coisas, do estudo dos processos de criação de valor. Em uma economia tradicional, o valor é o que permite aumentar a aderência de um produto. Quanto mais um produto é procurado, mais seu valor muda – e também seu preço, de maneira rápida, aumenta. Se uma comunicação bem-sucedida ou uma boa imagem permitem o aumento da aderência de um produto, elas igualmente possibilitam a aquisição de participações de mercado. A esse fenômeno denominamos ganho possível pela marca, ou prêmio de marca.

Nessa lógica, relativamente clássica e conhecida, o sentido da marca – isto é, os valores e as conotações que uma marca é capaz de projetar sobre os produtos, permitindo mudanças – torna-se uma contribuição importante no processo de criação de valor. A marca permite criar um valor a mais para o produto, dando-lhe sentido único. Essa contribuição, entretanto, é apenas uma das contribuições de valor existentes, porque há outras, como o sentido econômico propriamente dito, o tempo, o produto em si etc. Dito de outra maneira, a marca é um grande atributo de valor, mas não é, evidentemente, o único.

A desmaterialização do consumo tornou a noção de produto intangível cada vez mais vaga e profunda. As práticas de consumo são mais e mais impregnadas de instâncias simbólicas e socioculturais. De valor *ajoutée* do produto, o sentido desvia-se para o próprio produto. O objeto de troca é o sentido. Nike não vende mais belos sapatos nem pés bonitos, ela vende um "potencial humano", um desenvolvimento pessoal, uma promessa (*just do it*). Por um instante, o sentido é concretizado no tênis. O significado é o motor central da lógica da marca e dos produtos, tanto quanto a comunicação e a distribuição. A marca permite circunscrever e formatar uma porção de sentido, de significado para o público, levando-o a um compartilhar. Ou, nas palavras de Fraenkel e Legris-Desportes (1999, p. 119), "*il devient alors possible d'offrir, à l'intérieur de cette proposition, tous les produits qui soient cohérent avec le sens de la marque*".[3]

O processo de criação de valor, o sentido e os símbolos são adquiridos, principalmente, graças aos mecanismos estratégicos das marcas atuais. Saber engendrar sentidos, manipular, formatar e entregar atributos atrativos é

3 "A condução à oferta, no interior desta proposição, é possível para todos os produtos que sejam coerentes com o significado da marca".

o maior dever para todas as marcas modernas. O significado é a verdadeira ferramenta por meio da qual todos os processos de criação de valor se prendem e se convergem.

Essa centralização do significado como formador de valor implica necessariamente um novo papel, agora muito mais importante para a semiótica, disciplina que desvela o engendramento dos sentidos transmitidos – sua potência. Na fase precedente do desenvolvimento das marcas, a semiótica tinha um papel não negligenciado, mas reduzido a uma técnica instrumental. Hoje, no entanto, é definida pelo seu papel, assumindo assim a ciência que possibilita executar uma "microcirurgia" dos significados. Quando os significados gerados são usados como ferramentas do marketing mix, a semiótica assume o importante papel de manter essas ferramentas e refiná-las de modo a permitir o melhor desempenho ao consumidor. A partir de agora, a semiótica passa a dar uma contribuição não negligenciável ao marketing e às organizações. Ela permite à marca não se contradizer nos tempos, falar com clareza e verificar, e eventualmente corrigir, as defasagens e distorções entre as mensagens emitidas e as mensagens recebidas, a fim de evitar produzir efeitos de sentido indesejáveis.

Na configuração atual, o papel da semiótica é o de pulsar o coração do processo de produção de valor. A importância do significado, especialmente em uma sociedade desmaterializada, possibilita à semiótica ocupar um espaço estratégico e privilegiado no pensar das organizações.

Jeremy Rifkin (1999), sociólogo e economista norte-americano, afirmava que a elite do século XXI seria composta pelos "manipuladores de símbolos". A capacidade de manipular a informação e a comunicação seria o principal recurso da sociedade, o que se aplica perfeitamente às marcas.

A classificação das categorias de manipulação dos símbolos vai desde os gurus das finanças, dos roteiristas de Hollywood, das redes de televisão, dos produtores de produtos culturais e de entretenimento dos programadores do Google, dos biologistas moleculares até os descobridores do genoma e da clonagem humana. É fácil constatar que a lógica das marcas está presente em grande parte desses setores, apesar de aparentemente heterogêneos.

O desenvolvimento das grandes marcas atuais anuncia e prefigura essa transição em contraposição a uma sociedade dominada pelo consumo de significados. E a semiótica é chamada ao seu papel-chave, juntamente aos gestores dessas marcas, a compreender melhor de que maneira os significados, os valores adicionados, tornaram-se o motor central, a substância essencial das sociedades pós-industriais, desmaterializadas, tecnologizadas e complexas, em que vivemos.

4

SEMIÓTICA DA MARCA: IMAGEM E PRODUÇÃO DE SENTIDOS

SEMIÓTICA:
ORIGEM E CONCEITO

A semiótica não constitui um modismo dos novos tempos. Seu estudo é muito antigo, podendo ser coincidente com a origem da Filosofia, com Platão (427-347 a.C.) e Aristóteles (384-322 a.C.), e com as investigações sobre a natureza dos signos e dos processos comunicacionais na História das Ciências. Mesmo sem ter recebido o nome específico de semiótica, que é bem mais atual, o estudo das linguagens e dos signos acompanha o homem desde os tempos remotos. Nöth (1995, p. 20) diz que

> (...) a semiótica propriamente dita tem seu início com filósofos como John Locke (1632-1704) que postulou a "doutrina dos signos" com o nome *Semeiotiké*, ou com Johann Heinrich Lambert (1728-1777) que, em 1764, foi um dos primeiros filósofos a escrever um tratado específico intitulado *Semiotik*.

O autor localiza a semiótica por meio de referências mais sistematizadas na Filosofia.

Os signos – palavras, sons, símbolos, fragrâncias, marcas etc., utilizados para transmitir pensamentos, informações, ordens – são a base do pensamento humano e também da comunicação. Sebeok (1996 , p. 11) afirma que

> (...) não é muito conhecido que a Semiótica surgiu a partir dos intentos dos primeiros médicos do mundo ocidental de compreender como funciona a interação entre corpo e mente nos domínios culturais específicos.[1]

Nesse contexto, a semiótica era a ciência da observação dos sintomas causados por doenças psicológicas que possibilitavam a formulação de diagnósticos. O autor faz ainda referência a ilustres médicos, como Hipócrates (460-377 a.C.) e também a Galeno de Pérgamo (131-201 d.C.), como utilizadores da semiótica e dos processos de semiose para elaboração de seus diagnósticos.

Uma das contribuições que cercam o entendimento da semiótica é a própria rivalidade terminológica entre os termos semiologia e semiótica. Só em 1969, por iniciativa de Roman Jakobson, que representava a Associação Internacional de Semiótica, decidiu-se adotar semiótica como termo geral do terreno de investigações nas tradições da semiologia e da semiótica geral (Nöth, 1995, p. 26).

Entende-se por semiótica o estudo dos signos, ou melhor dizendo, estudo da ação dos signos, ou semiose. Concebemos signo como "tudo aquilo que representa algo para alguém".

São várias as correntes da semiótica moderna. Podemos dizer, de maneira bastante didática, que são três as mais estudadas e praticadas: semiótica peirceana, semiótica greimasiana e semiótica da cultura, de tradição russa.

A semiótica nos países soviéticos sempre esteve focada em uma visão globalizadora da cultura. Poderíamos citar como "precursores" da semiótica russa Mikhail Bakhtin (1895-1975) e Roman Jakobson (1896-1982). Em razão do stalinismo, os trabalhos de semiótica começaram tardiamente, embora tenham se desenvolvido com grande intensidade.

No Ocidente, ouvimos frequentemente falar da "Escola de Tártu", que engloba pesquisadores de diversos países da antiga União Soviética. Iúri Lotman (1981, *apud* Schnaiderman, 1979, p. 26-32) é professor de Literatura Russa na Universidade de Tártu, Estônia, e, na atualidade, revela-se como um dos renomados semioticistas da cultura.

A semiótica greimasiana, estabelecida na França, origina-se no estruturalismo de Hjelmslev (1943), nos estudos antropológicos de Lévi-Strauss (1908) e, segundo Nöth (1996, p. 164), na teoria formalista do conto de Propp e na teoria das situações dramáticas de Etienne Souriau (1892-1979).

Algidras Julien Greimas (1917-1992) procurou aplicar os métodos de pesquisa da linguística estrutural à análise de textos, definida por ele mesmo como discurso.

Martine Frank/Magnum Photos Latinstock

Algidras Julien Greimas.

A semiótica peirceana tem sua origem nas pesquisas de Charles Sanders Peirce (1839-1914), matemático e filósofo norte-americano que, obcecado por desenvolver uma lógica universal, acabou por nos legar uma imensa teoria com aplicações nos mais diversos campos do saber, da Filosofia ao Marketing.

National Oceanic and Atmospheric Administration/Department of Commerce

Charles Sanders Peirce.

A semiótica peirceana tem seu fundamento na noção de signo, entendendo-o como "qualquer coisa que representa algo para alguém". Charles Peirce desenvolveu a teoria triádica do signo, ou seja, a de que todo signo se estabelece por meio de relações que envolvem seu fundamento, suas relações com aquilo a que representa, seu objeto (ou referente) e com os efeitos que gera, chamados interpretantes. Por meio dessas relações, Peirce constrói os desdobramentos dos processos semióticos, criando uma classificação própria para os signos, que veremos adiante.

Assim, esquematicamente temos:

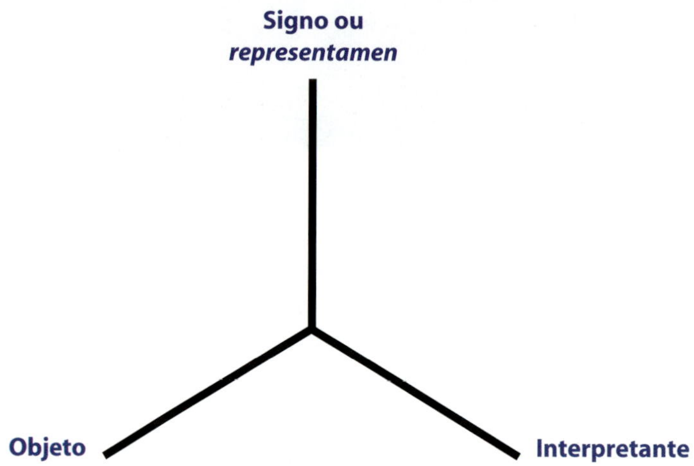

Tríade semiótica.

Semiótica, publicidade e marketing

Primeiro, é importante registrar aqui que não faremos nenhuma distinção entre os termos propaganda e publicidade pelo uso corrente como sinônimos no mercado brasileiro. Quando chamamos o indivíduo que faz propaganda de publicitário, fica mais claro o porquê da não distinção.

A publicidade é uma ferramenta vital para o marketing, independentemente de sua utilização como veículo de informação ou de persuasão. A construção de sentidos coletivos só é possível, hoje, por meio da publicidade. O homem constrói os signos da comunicação empresarial, mas eles só são disseminados e sustentados pela publicidade, especialmente quando nos referimos à produção sígnica de massa. Um exemplo da força da publicidade e do estoque de significação que ela é capaz de construir está no caso do creme dental Kolynos. Retirado do mercado brasileiro por quatro anos, a partir do fim de 1996, por razões concorrenciais que não cabem ser explicitadas aqui, o creme dental Kolynos[2] obteve o maior índice de lembrança em pesquisa realizada pelo Datafolha. O *top of mind* foi de Kolynos com 33%, seguido por Sorriso com 27% e Colgate com 23%. O mais interessante é que Kolynos, mesmo fora das prateleiras e da mídia em geral, foi o creme dental mais lembrado e o segundo na lembrança dos consumidores foi Sorriso, que era o seu "substituto". Com a decisão do Conselho Administrativo de Defesa Econômica (Cade) de retirar a marca Kolynos do mercado, a Colgate optou por criar outra marca para substituí-lo, lançando Sorriso. Esse substituto abraçou sua missão de maneira tão eficaz que, em pouco tempo, passou a ser a segunda marca mais lembrada pelos brasileiros. Esse exemplo retrata de maneira irrefutável o poder que a publicidade exerce no cotidiano das pessoas e nas suas relações de consumo.

Diante disso é que as relações entre marketing, publicidade e semiótica estão a cada dia mais evidentes tendo em conta a complexificação da nossa sociedade que cada vez mais consome símbolos construídos em grande parte pela publicidade do mundo capitalista.

História da utilização da semiótica na publicidade

Depois de muitos anos, a semiótica não se limitou à análise dos textos literários e das obras de arte. O desenvolvimento natural da análise semiótica caminhou para a análise de textos publicitários, inicialmente nas universidades como exercício de investigação na área da Comunicação Social, sem pretensões comerciais.

Na França, conforme relatado por Fraenkel e Legris-Desportes (1999, p. 11-13), no início dos anos 1960, Georges Péninou (1923-2001), Jaques Durand (1926), Bernard Anglade, renomados publicitários franceses que configuravam uma elite intelectual fora da universidade, iniciaram contatos mais próximos

2 Estudo feito pelo Instituto de Pesquisas Datafolha em outubro de 2000, com o objetivo de detectar a lembrança das marcas de creme dental juntamente aos brasileiros, investigando o *top of mind* e o *awareness* – conjunto de marcas lembradas. O conjunto da amostra foi obtido das regiões geográficas do Sul, Sudeste, Nordeste e Norte/Centro-Oeste, totalizando 2.866 pessoas. Trata-se de um levantamento estatístico por amostragem estratificada e sorteio aleatório dos entrevistados.

com as chamadas "ciências da comunicação". A primeira aproximação deu-se pela leitura da obra de Lévi-Strauss. As pesquisas nessa fase limitavam-se às estruturas narrativas baseadas, sobretudo, na análise de mitos e de contos populares. Nesse momento, os publicitários passaram a incorporar ao seu cotidiano uma preocupação maior com os conteúdos e as formas de suas mensagens.

Os estudos aprofundaram-se e de 1966 a 1970, a França viveu a fase da chamada "Semiótica de Primeira Geração" na publicidade. Essa semiótica estava centrada na análise das imagens fixas, particularmente de anúncios e cartazes. Foi estabelecido um conjunto de "leis" retiradas da linguística geral, da fonética e da narrativa para proceder à análise desses textos.

Em 1965, os primeiros resultados dessas pesquisas foram registrados na tese de doutoramento de Georges Péninou, transformada, em 1972, no livro *Intelligence de la publicité*.

Nos anos 1970, a semiótica "entra na moda". Tal fato deveu-se aos trabalhos de Michael Foucault, Lévi-Strauss, Jacques Lacan e Roland Barthes, pois a linguística e, também, a semiótica passaram a ser reconhecidas como um modelo de inspiração para as Ciências Humanas.

Os profissionais de comunicação ligados ao mercado, publicitários, designers, desenhistas etc. interessaram-se pelo estudo da semiótica, e, em 1976, apareceram as primeiras manifestações públicas desse movimento: o Instituto de Estudos e Pesquisas Publicitárias (Irep) promoveu um seminário destinado exclusivamente à semiótica, tendo como principal mentor Georges Péninou, publicitário de renome. Progressivamente, vários institutos de pesquisas publicitárias se engajaram no movimento de utilização da análise semiótica.

Com a propagação da semiótica, iniciam-se as análises das imagens dinâmicas, que, no caso publicitário, envolviam os comerciais para o cinema e para a televisão. As análises centravam-se no conteúdo das mensagens e nas prováveis gerações de sentido provocadas nos receptores.

Em 1976, o Irep promoveu, em Paris, um primeiro seminário aberto sobre o tema intitulado "Contribuições da Semiótica para o Marketing e a Publicidade". Esse evento contribuiu enormemente para a difusão das pesquisas em semiótica e marketing, especialmente na Europa.

Nos Estados Unidos, a Associação Americana de Pesquisa demonstrou algum interesse pelo assunto por meio dos pesquisadores Morris Holbrook (administrador de empresas da Columbia University), Rebecca Hokman (publicitária, chefe da Young & Rubican New York) e Trudy Kehret-Ward (administrador especializado em Marketing da California University), que se utilizaram do marketing e da semiótica em suas teses de doutoramento.

Nos anos 1980, o fenômeno principal que marca a semiótica aplicada é a aparição de paradigmas mais complexos de análise que iam além do paradigma inicial estruturalista, surgem os estudos de Algidras Julien Greimas. O paradigma greimasiano para a semiótica aplicada aprofunda o paradigma estruturalista inicial, tentando entrar nos níveis mais profundos de organização dos processos de emissão e recepção das mensagens. Greimas acredita que a semiótica "de primeira geração", baseada na análise de significado, figuras e retórica – estruturalismo –, leva a manifestações superficiais de sentido.

O sucesso na Escola Greimasiana dominou os estudos de mercado, notadamente pela utilização do *carré sémiotique*, ou quadrado semiótico. Iniciando pelos limites da frase, Greimas viu a necessidade da compreensão do discurso por inteiro, de maneira a apreender a significação em sua globalidade. O quadrado semiótico definiu três relações existentes entre dois elementos: a oposição, a negação e a complementariedade, como poderá ser observado na figura a seguir:

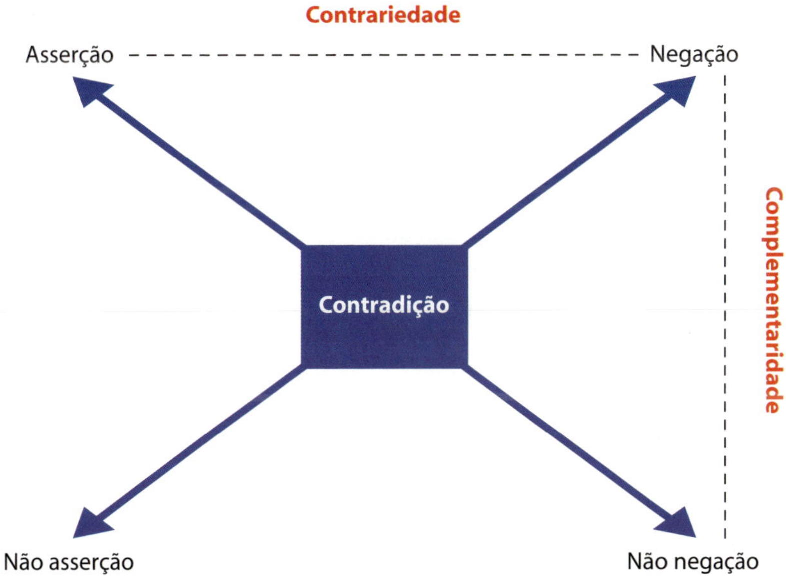

O quadro semiótico de Greimas.
Fonte: Nöth, 1990, p. 175.

O método greimasiano baseia-se na relação significante-significado, consistindo, portanto, em uma análise diádica voltada para aspectos relacionados aos níveis de significação produzidos por determinada mensagem, por meio das três relações anteriormente citadas.

Nos Estados Unidos, o evento de maior impacto foi a *First International Conference Marketing and Semiotics*, realizada pela Northwestern University em julho de 1986. Foram apresentados e debatidos 28 artigos em conferências coordenadas por Sydney Levy, Thomas A. Sebeok e Jean Umiker-Sebeok. Esse evento deu origem ao livro *Marketing and semiotics: new directions in the study of signs for sale*, organizado por Jean Umiker Sebeok (1987). A partir disso, o *Journal of Consumer Research* publica artigos sobre marketing e comportamento do consumidor e suas relações com a semiótica.

Na Europa, no início dos anos 1990, existiam 34 escritórios que realizavam estudos semióticos aplicados em Paris, além de inúmeros *freelancers*. Um dos principais institutos de pesquisa em Marketing e Semiótica, o Ipsos-Novaction, mantém seus escritórios na capital francesa, dirigido (até abril de 2001) por Jean-Marie Floch, responsável pela criação do departamento de Semiótica do referido instituto e pela disseminação da aplicação da teoria na Europa.

No Brasil, desde 1998, esta autora desenvolve atividades de análise semiótica aplicada ao mercado, originada em seu projeto para ingresso no doutorado em Comunicação e Semiótica da Pontifícia Universidade Católica/SP, inicialmente intitulado Análise Semiótica de Embalagem. A atividade de análise semiótica passou a ser desenvolvida em parceria com a professora Lucia Santaella e outros pesquisadores na área da Publicidade, Antropologia e Psicanálise. Naquele momento, o Instituto Ipsos-Novaction de São Paulo ofereceu a possibilidade de aplicação da semiótica para auxiliar a empresa Reckitt & Colman (atual Reckitt Benckiser) na escolha de um novo rótulo para seu produto lustra-móveis Poliflor. Esse foi o primeiro caso de aplicação do método semiótico no Brasil, para subsidiar uma decisão mercadológica, feito a partir da teoria peirceana. E já se vão quase 20 anos.

Naquele momento, a proposta de trabalhar com análise semiótica aplicada a questões e a problemas de pesquisa de empresas vinha ao encontro das aspirações acadêmicas desta autora, como jovem pesquisadora, e também das aspirações profissionais. Surgia, assim, um caminho que conciliava de maneira excepcional suas pulsões de realização não só profissional como também pessoal.

Nesses 20 anos de atuação na pesquisa e análise semiótica, foi possível perceber que as empresas estão cada vez mais abertas à aproximação com a comunidade acadêmica. A informação e o conhecimento científico podem ser a chave para o desenvolvimento de uma estratégia mercadológica sustentável e original. Nesse sentido, a pesquisa acadêmica e científica traz uma importante contribuição, uma vez que, livre dos rigorosos compromissos organizacionais, é capaz de trazer à tona questões profundas no campo da significação que as "consultorias tradicionais" não percebem por estarem vinculadas à problemática do mercado no seu sentido mais restrito.

Atualmente, a análise semiótica está sendo usada para examinar rótulos, embalagens, peças publicitárias, protótipos de produto, sites, universo de sentido (refrescância, maciez, beleza, feminino etc.), logotipos, laudos semióticos quando há suspeitas de plágio e tantas outras aplicações.

Desde 2014, a Casa Semio abriga os projetos de semiótica, tanto desenvolvidos por meio de pesquisas acadêmicas, quanto voltados para o mercado, abrangendo as mais diversas aplicações, em parcerias com metodologias qualitativas, quantitativas ou mesmo de forma autônoma. A semiótica também subsidia processos de indução, possibilitando a criação de caminhos consequentes e singulares para produtos, marcas e conceitos.

Imagem e produção de sentido

Um dos férteis campos de atuação da semiótica é o da imagem e, nesse sentido, a imagem pode ser concebida como uma representação plástica, material ou aquilo que evoca uma determinada coisa por ter com ela semelhança ou relação simbólica. A imagem pode ser produto da imaginação, consciente ou inconsciente. Pode ainda ser uma simples visão.

Poderíamos afirmar ainda que a imagem diz respeito a um conjunto de experiências, impressões, posições e sentimentos que as pessoas apresentam em relação a uma empresa, produto, personalidade etc. Imagem é um conjunto de signos distribuídos em um espaço concreto, virtual ou no pensamento.

Essas são algumas das linhas que procuram, de certo modo, conceituar imagem; inicialmente, como representação de alguma coisa e, depois, como uma relação com as organizações e com o mercado.

Santaella e Nöth (1998, p. 15) apresentam o conceito de imagem encapsulando-a como representação visual e mental.

> O mundo das imagens se divide em dois domínios. O primeiro é o domínio das imagens como representações visuais: desenhos, pinturas, gravuras, fotografias e as imagens cinematográficas, televisivas, holo e infográficas pertencem a esse domínio. Imagens, nesse sentido, são objetos materiais, signos que representam o nosso meio ambiente visual. O segundo é o domínio imaterial das imagens na nossa mente. Neste domínio, imagens aparecem como visões, fantasias, imaginações, esquemas, modelos ou, em geral, como representações mentais.

Os autores enfatizam que os dois domínios não existem separadamente e que a unificação se dá no conceito de representação e de signo:

> (...) não há imagens como representações visuais que não tenham surgido de imagens na mente daqueles que a produziram, do mesmo modo que não há imagens mentais que não tenham alguma origem no mundo concreto dos objetos visuais.

O conceito de representação e de signo aparece muitas vezes na literatura semiótica como sinônimos, sendo possível e comum a intercambialidade em diversas situações. O próprio Peirce caracteriza a semiótica como a "teoria geral das representações" e a apresenta, em diversas situações, como sinônimos.

Para Peirce, representar é "estar para", indica uma relação com outro. Com o propósito de melhor delimitar o conceito de representação e de signo, Peirce introduz o conceito de *representamen*:

> *When it is desired to distinguish between that which represents and the act or relation of representing, the former may be termed the representamen, the latter the "representation".*[3]

---

3 "Quando se deseja distinguir entre o que representa e o ato ou relação de representação, a forma mais consequente é o conceito *representamen*".

Representação é um conteúdo concreto apreendido pelos sentidos, pela imaginação, pela memória ou pelo pensamento.

Como vimos, o campo semântico do conceito de imagem é polarizado. De um lado, temos algo tangível, facilmente perceptível, e, de outro, apresenta-se a imagem mental, abstrata, que pode ser tão somente imaginada, pensada, intangível, muitas vezes fugidia. Essa polaridade reflete-se na história. As imagens mentais aparecem desde Platão (427-347 a.C.) que as definia como um grau do processo de conhecimento, encontrando grande destaque, anos depois, nos estudos do psicanalista Freud (1856-1939) por meio das análises e interpretações dos sonhos. Já as imagens visuais, nas várias culturas, são bem divididas. Aparecem ora como idolatrias religiosas, ora como descrença total, revelada muitas vezes pela proibição de sua utilização até o total repúdio à representação e à veneração ocorridas no século VIII.

Em uma primeira análise, podemos dizer que a forma de uma imagem é feita por semelhança com o objeto representado, porém, em inúmeras situações, percebemos que a semelhança não garante a representatividade. Por exemplo, duas fotografias da mesma cena, ainda que feitas por meio do mesmo negativo, não são imagens uma da outra. Outros exemplos são explorados por Goodman (1976, p. 28), conforme podemos observar a seguir: "(...) uma menina não é uma representação de sua irmã gêmea; uma palavra impressa não é imagem de outra palavra impressa com o mesmo tipo...".

Condições para utilização do método semiótico

É importante ressaltar que a semiótica é teórica e que seu método não prevê o contato direto com os consumidores/receptores. O contato com a recepção pode ser dar, mas não é o fundamento da investigação que trata neste momento. A semiótica está centrada no signo e na semiose por ele constituída e disseminada. Porém, para que seja possível aplicarmos o método em uma determinada realidade mercadológica, são fundamentais algumas informações, tais como: posicionamento do produto/marca em relação à concorrência, histórico da comunicação, perfil detalhado do *target*, envolvendo aspectos geográficos, demográficos e comportamentais, mapeamento dos concorrentes, *market share* etc. Além disso, cada signo a ser analisado demanda documentos e materiais específicos; portanto, para analisar uma embalagem, é fundamental conhecermos, entre outros, o histórico da sua evolução no mercado, o tipo de exposição no ponto de venda, a rotulagem, as formas de apresentação (tamanhos), os materiais de que é feita (texturas), a relação da embalagem com o consumidor (outros destinos).

Como vimos, a necessidade de informação varia de acordo com o signo objeto da análise semiótica e dependerá dele o nível de aprofundamento possível, ou seja, até onde levaremos a investigação semiótica.

São condições para a aplicação do método semiótico, a atitude fenomenológica, que, segundo Santaella (1995), baseando-se em Peirce, envolve a capacidade contemplativa, a capacidade de distinção e de generalização das observações.

A capacidade contemplativa é a propriedade de vermos o que está diante de nossos olhos, ou seja, de imergirmos na qualidade, na dimensão sensível da expressividade visual (sonora, olfativa...) que está posta. Diz respeito à sensação que o fundamento do signo é capaz de gerar em nossas mentes. A capacidade contemplativa é uma habilidade suscetível de ser desenvolvida por meio da reiterada exposição dos nossos sentidos às qualidades do mundo.

Quando analisamos a capacidade contemplativa aplicada às questões mercadológicas, percebemos que ela não pode estar totalmente desamarrada dos objetivos a que nos propomos – relevar a potência da comunicação contida naquele signo – e, portanto, trata-se de uma contemplação mais ou menos guiada, objetiva, em direção dos objetivos propostos. Quando estamos diante de uma obra de arte, aí sim temos a essência da contemplação desprovida de uma intencionalidade e objetividade analítica, quiçá se alcance uma contemplação genuína.

A capacidade de distinção é outra habilidade que se desenvolve por meio de exercícios contínuos de segmentação e discriminação das diferenças perceptíveis no signo que se está contemplando. Quando percebemos diferenças, saímos do estado contemplativo e entramos no estado de observação, de direção guiada a um fim.

A generalização está ligada à aptidão de disseminar as observações feitas no signo e estendê-las em categorias globalizantes. O signo contemplado passa a pertencer a uma classe de coisas, e então percebemos a fluência das convenções, dos padrões e dos códigos. Exemplo, uma determinada observação que nos leva a concluir que diz respeito a um tipo específico de (classe) moradia: um apartamento.

A leitura dos processos sígnicos pressupõe o desenvolvimento dessas três habilidades de acordo com a fenomenologia peirceana, pois esse procedimento deve levar ao desvelamento da carga comunicativa do signo, objetivando entender os efeitos de sentido que estão nele contidos, ou seja, sua capacidade de gerar interpretantes, efeitos nas mentes que os recebem.

Semiótica da expressividade marcária: metodologia

As imagens podem ser analisadas, de acordo com a semiótica peirceana, sob três aspectos, tendo como base a Teoria Geral dos Signos e seus desdobramentos. É evidente que Peirce não imaginava que sua teoria seria base para aplicação em questões que em sua época tinham tão pouca ou nenhuma relevância. Mas a sua utilização tem-se revelado extremamente útil para as organizações que se preocupam em entender a semiose desencadeada pelos seus signos: produtos, embalagens, marcas, entre outros.

A semiótica é capaz de analisar tudo o que é comunicado em uma mensagem, o que a difere da pesquisa qualitativa, que analisa a recepção sígnica, utilizada há muito tempo pelas grandes empresas. A pesquisa qualitativa tem seu foco no receptor, ou seja, por meio de técnicas projetivas individuais e em grupos, procura obter dos consumidores as motivações da compra e do uso de determinado produto ou marca, objeto da investigação. Já a semiótica, como vimos, está centrada na emissão, quer dizer, nos processos que geram os efeitos. Com isso, somos capazes de comparar os efeitos potencialmente gerados e a intenção estratégica da organização, permitindo em muitos casos correções fundamentais que não eram percebidas até o momento da pesquisa semiótica.

A semiótica peirceana tem três divisões essenciais. A primeira divisão é a mais importante para as nossas necessidades, por nos fornecer as definições e as classificações de todos os tipos de códigos, linguagens, signos, sinais etc., de qualquer espécie que seja e de tudo que os envolve: significação, representação, objetivação e interpretação. É nessas definições e classificações, portanto, que podem ser buscados os princípios norteadores para o método de análise de todas as formas de expressão das imagens e marcas: nome, cor, som, logotipo, embalagem, rótulo, slogan, personagem etc., em qualquer meio que estas possam aparecer: impresso, fotografia, cine ou videográfico.

Como o desenvolvimento da metodologia teve por base a aplicação aos cenários comunicativos e mercadológicos, foram deduzidos por meio do diagrama apresentado a seguir:

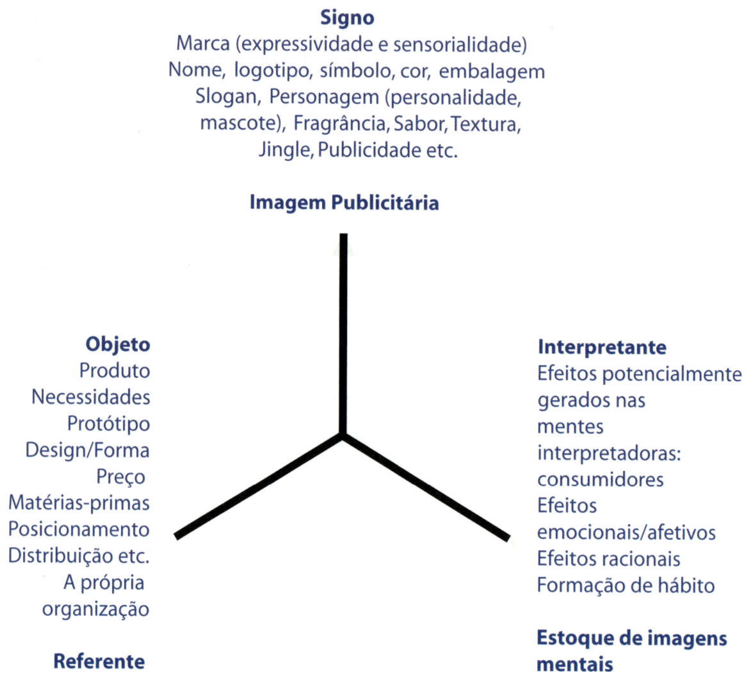

Tríade marcária.

Em uma linguagem mercadológica, podemos entender que o objeto semiótico tem seu correspondente no Marketing Mix, no produto, na sua concretude e nos seus aspectos de distribuição, preço, design, entre outros. Porém, ao retornarmos à teoria peirceana, percebemos que essa vinculação não é totalmente adequada. Para Peirce, o objeto semiótico não é simplesmente um ente material, um objeto ou uma coisa, mas sim uma posição lógica na tríade. E é nesse sentido que o autor afirma que o objeto pode ser imaginável ou até mesmo "insuscetível de ser imaginado" (CP 2.230 apud Santaella, 1995, p. 34). A marca intenciona representar um objeto que também está fora dela: seu objeto dinâmico –, portanto não se limita ao produto. Aprofundando a proposta peirceana e a aplicação da teoria, observamos que o objeto que a marca representa leva em conta toda a complexidade da organização, sua missão, visão e valores, suas relações com a sociedade e seus dirigentes, ampliando a referencialidade imediata reduzida ao produto tangível.

O signo traz consigo a noção de construção simbólica que, em Marketing, está a cargo, em grande parte, da marca. Seria o que Lencastre (2001, p. 8) chama de *identity mix*, ou seja, os elementos que dão expressividade e visibilidade à marca, como o logotipo, a embalagem e tantos outros. Como vimos, a marca constitui-se de uma profusão de signos que lhe dão sustentação e sentido e é com essa visão que Baudrillard (1995, p. 157) confere a ela o título de supersigno.

O interpretante semiótico é o efeito que o signo é capaz de gerar por meio de seu fundamento. Esses efeitos podem ser primeiridade, na medida em que revelam uma qualidade, um sentimento. Tais interpretantes são chamados emocionais, e podem se referir, na perspectiva mercadológica, a *status* elevado, poder, *glamour*, aceitação (apesar de nesse sentido já serem terceiros). Os interpretantes de secundidade envolvem o emprego de alguma energia e, portanto, são denominados energéticos e constituem-se por meio das experiências que o consumidor tem com os produtos. Na análise mercadológica podem ser entendidos como racionais por estarem intimamente ligados à funcionalidade do objeto, tais como: conforto, segurança, desempenho, durabilidade etc. – características possíveis apenas por meio da interação com o produto. O hábito ou interpretante lógico é um terceiro (terceiridade) na tricotomia peirceana e refere-se ao entendimento geral que um signo é capaz de produzir. Na linguagem mercadológica, o interpretante lógico equivale à noção de lealdade à marca, ou seja, o consumidor não mais interpreta e racionaliza o consumo, ele simplesmente consome por ter a segurança daquilo que determinado produto ou marca é capaz de lhe oferecer. A lealdade à marca tem seu alicerce nas sucessivas experiências positivas com a utilização e o consumo de produtos e marcas no tempo. A noção de formação de hábito na perspectiva mercadológica diz respeito não só ao indivíduo como consumidor do produto ou da marca de maneira reiterada, como também ao indivíduo como gerador de indicações de uso. O consumidor passa a ser um "vendedor ativo" da marca, recomendando o consumo.

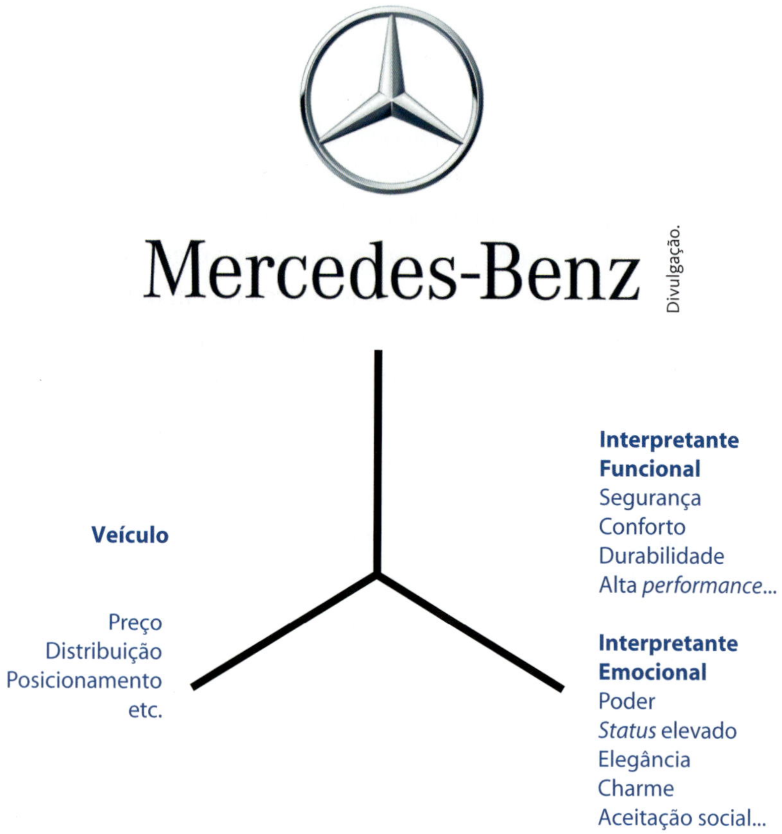

Exemplo de aplicação da tríade semiótica da marca.

Percebemos que, nesse singelo exemplo, o signo (símbolo) Mercedes-Benz, aqui expresso pela sua logotipia, aparece como representação do objeto carro e gera efeitos de ordem funcional e emocional. Esses efeitos surgem por meio das experiências dos consumidores com o objeto carro e, consequentemente, com a empresa. Ao poder simbólico da estrela, que já traz consigo considerações culturais (pertinentes a qualquer estrela), tais como brilho, iluminação, *glamour*, são agregados os efeitos de sentido gerados pelas publicidades da marca, apoiadas nos aspectos funcionais do carro (desempenho, segurança, durabilidade etc.) e outros de ordem puramente afetiva e subjetiva, tais como elegância, poder, *status* elevado e tantos outros explorados na história da comunicação da marca Mercedes-Benz[4] no mundo.

Analisar imagens mercadológicas é quase um trabalho de etnólogo ou arqueólogo, ou seja, as imagens de produtos, de marcas e publicitárias são portadoras de traços de uma época, de mitologias, de fragmentos da vida social, além do trabalho da imaginação de seus criadores. Por isso, acreditamos que a semiótica, como ciência do signo, é capaz de oferecer um caminho de desvelamento dos elementos sígnicos constitutivos de um determinado fenômeno mercadológico, trazendo à luz seus fundamentos de maior poder de significação. A teoria semiótica é capaz de nos fazer penetrar no movimento interno das mensagens, o que nos dá a possibilidade de resgatar os mecanismos que são usados nas linguagens (palavras, imagens, diagramas, sons etc.), permitindo a análise das mensagens em vários níveis, como apresentado no percurso a seguir (Perez, 2001, p. 114-138).

Passemos à apresentação de cada passo do processo de análise semiótica que tem início nas relações triádicas do signo, culminando na análise semântica e sintática do signo.

O signo nele mesmo

Neste primeiro nível analítico, o signo é pura possibilidade qualitativa. É observado nas suas propriedades internas, quer dizer, nos seus aspectos qualitativos, sensórios, tais como na linguagem visual, por exemplo, cores, linhas, formas, textura, brilho, volumes, movimento etc. Esses aspectos, na terminologia semiótica, são chamados qualisignos das mensagens. Trata-se das primeiras impressões que um signo é capaz de despertar sem entrarmos no nível da interpretação. Poderíamos classificar como a primeira impressão que um signo é dotado e é capaz de gerar – exemplo: vermelhidão, grandeza, brilho etc.

As mensagens podem ser analisadas em seu aspecto singular como algo que existe, concreto, aqui e agora, em um determinado contexto, mostrando-se à nossa percepção. Aqui devem ser observadas as particularidades da

4 A marca Mercedes, criada em 1901 por Gottlieb Daimler, é patronímica, pois se referia ao nome da filha de Daimler. Em 1936, foi agregada a segunda parte da marca – "Benz" –, também patronímica, uma vez que era o sobrenome do segundo sócio da empresa. A estrela com três hastes representa "terra-mar-ar", que se configuravam como as áreas de atuação da empresa.

mensagem: a cor azul na televisão é diferente da cor azul em um pedaço de tecido, que, por sua vez, é diferente da cor azul do céu. Analisamos o signo como um existente concreto no seu caráter singular. Nesse caso, estaremos analisando os sinsignos de uma mensagem – exemplos: um carro na rua, um carro na linha de produção, um carro no museu.

Quando analisamos as mensagens na sua perspectiva convencional, no seu caráter geral de algo que pertence a uma determinada classe de coisas, estamos analisando os legisignos das mensagens. São convenções, signos que obedecem a uma classe de coisas – exemplos: as palavras obedecem à gramática; os sinais de trânsito estão em linha com o Código Nacional de Trânsito, e assim por diante.

O signo em relação a seu objeto

Neste momento, estaremos analisando as mensagens em relação ao objeto que estão representando. Aquilo a que elas se referem ou representam. Surgem também três níveis analíticos.

Quando a capacidade de aplicação ou a referencialidade das mensagens deriva simplesmente de seu poder de sugestão, que brota de seus aspectos sensoriais, qualitativos, estamos falando dos ícones. Os ícones estabelecem uma relação de semelhança com o objeto que estão representando. As relações de semelhança podem ser de diferentes níveis: semelhanças de aparência, semelhanças nas relações internas ou semelhanças de significado, como, por exemplo, as metáforas. Exemplo: uma foto pode ser considerada um ícone, pois estabelece uma relação de semelhança em nível de aparência com aquilo que é fotografado.

Se a referencialidade for direta, isto é, se as mensagens indicarem aquilo a que elas se referem sem ambiguidades, sem dúvidas, então estaremos nos referindo a índices. Um índice tem com seu objeto uma conexão direta, forma com o objeto uma relação causal, isto é, de nexo. Exemplo: termômetro é índice de temperatura, assim como os relógios o são de tempo, ou ainda o chão molhado em um ambiente externo indica que choveu, e assim por diante. No caso da análise de produtos, como, por exemplo, de um protótipo de geladeira, as alças ou maçanetas indicam que o produto deverá ser aberto naquele ponto visualmente destacado. Percebemos que, em alguns casos, por questões de "design", são colocados "apliques" que se assemelham a alças, porém não atendem a essa função e, nesse sentido, podem confundir o consumidor. Lembramos que, como a teoria semiótica reforça, os índices estabelecem uma referencialidade direta, sem ambiguidades.

Outro exemplo da presença marcante da indexicalidade é a linguagem detetivesca, em que, mesmo que não nos apercebamos, os índices e as pistas imperam na narrativa e são usados como recurso de interação com o leitor, aumentando o suspense e, assim, o seu envolvimento na trama. A linguagem indicial é extremamente convidativa – ela nos chama para um compartilhar.

Quando as mensagens tiverem o poder de representar ideias abstratas, convencionais, arbitrárias, estaremos nos referindo aos símbolos. O símbolo não depende de semelhanças ou vinculações diretas com seu objeto que representa, assim, concluímos que ele pode designar esse objeto com total liberdade. São muitas vezes totalmente arbitrários, especialmente no mercado organizacional; por exemplo, a estrela (símbolo) da Mercedes-Benz, ou a maçã mordida, como símbolo da Apple Computers. Estes só se configuraram como símbolos aceitos culturalmente porque foram reiteradamente comunicados por meio da publicidade nas mais diferentes mídias. Com isso, hoje não é mais necessário agregar o símbolo ao *lettering* dessas marcas – a maçã mordida e a estrela ganharam independência sígnica. Nesse momento é que nos deparamos com a certeza inevitável da capacidade humana de criação de símbolos – apoderar-se de um símbolo que já possui uma carga simbólica (estrela e maçã) e agregar a ele outros sentidos.

O signo em relação aos efeitos gerados

Refere-se aos tipos de interpretação que os signos têm o potencial de despertar nos seus usuários, nas mentes que o interpretam. O interpretante diz respeito às imagens mentais que determinam a significação do signo. Os interpretantes são: emocionais, funcionais e lógicos.

Há efeitos interpretativos que são puramente emocionais, como, por exemplo, beleza, *status* elevado, *glamour*, aceitação social, poder.

Existem efeitos que são reativos, nos casos em que a interpretação é efetuada por meio de uma ação. Nesse caso, trata-se de efeitos de ordem racional. Há, ainda, os efeitos funcionais, quando aplicados à linguagem de produto, à utilização propriamente dita – por exemplo: conforto, desempenho, segurança, durabilidade.

Também há efeitos que têm a natureza do pensamento, quando a interpretação possui um caráter lógico – por exemplo: um hábito. Da perspectiva mercadológica, o interpretante lógico poderia ser entendido como a formação de um determinado hábito de consumo. Essa equivalência é ainda superficial e, portanto, requer maiores aprofundamentos e reflexões, mas acreditamos que essa perspectiva pode ser uma das hipóteses para a aplicação do conceito em fenômenos de mercado.

Outras possibilidades de análise semiótica da marca

Quando observamos a Teoria Geral dos Signos (TGS) de Peirce (1977), as análises semântica e sintática não estão contempladas expressamente, porém, para o uso que pretendemos apresentar, em muitos casos, ela é necessária, especialmente naqueles de análise de nomes de marcas e de slogans. A prática tem mostrado que, em muitos casos, os slogans são inadequados aos efeitos que a marca pretende gerar nas mentes dos intérpretes de suas mensagens, e o mesmo pode acontecer com o nome das marcas. Assim, a semiótica pode auxiliar no entendimento e adequação da potência comunicativa desses signos, propondo alternativas ou correções mais adequadas aos objetivos e estratégias.

Entende-se por semântica o "estudo do significado", porém não há uma especificidade quanto ao seu objeto de estudo. Não está claro se ela estuda o significado das palavras, dos morfemas, das frases ou do texto. Mais recentemente, já no século XX, passa-se a entender que a semântica está preocupada em analisar os "campos semânticos", que segundo Fiorin (1997, p. 12) dizem respeito "ao conjunto de unidades lexicais associadas por uma determinada estrutura subjacente".

De acordo com a semiótica greimasiana, a semântica deve ser: gerativa, sintagmática e geral. Gerativa em sentido de estabelecer modelos que permitam entender as diferenças de significação em nível profundo, ainda que em nível da superfície possam "dizer a mesma coisa". Assim, um poder/fazer pode estar presente nos cabelos de Sansão ou na aprovação em um concurso público. Sintagmática, porque deve explicar a produção e a interpretação de qualquer discurso. Geral, pois deve ter como premissa a singularidade de sentido, que se manifesta por distintos planos de expressão: verbal, visual etc. Podemos dizer que está tudo certo ou apenas fazer um sinal positivo com a mão; nos dois casos há a singularidade de sentido manifestada.

A sintaxe poderia ser definida como a parte da gramática que estuda as palavras como elementos de uma frase, as suas relações de concordância, de subordinação e de ordem. Diz respeito à estrutura das sentenças.

Para entendermos melhor como se processa a significação em um discurso, lançamos mão do conceito de "percurso gerativo de sentido". Esse percurso é descrito por Fiorin (1997, p. 17-18) como "uma sucessão de patamares, cada um dos quais suscetível de receber uma descrição adequada, que mostra como se produz e se interpreta o sentido, num processo que vai do mais simples ao mais complexo". O percurso gerativo é como uma viagem que percorre um caminho ao fim do qual se chega à determinada significação. Dessa maneira, o percurso gerativo de sentido apresenta três níveis: o profundo ou fundamental, o narrativo e o discursivo. Lembramos ainda que, em cada um desses níveis, há um componente semântico e um componente sintático.

Nível fundamental

Engloba as categorias semânticas que estruturam e permitem a construção de um determinado texto. É constituído de um número limitado de valores fundamentais que estruturam e orientam a sociedade, tais como: vida e morte, alegria e tristeza etc. Por isso, encontram-se nas relações de oposição, ou seja, nas relações que se estabelecem em uma distintividade , como, por exemplo, masculino e feminino. Estes termos mantêm entre si uma relação de contrariedade, pois estão em pressuposição. Como nos propõe Fiorin (1997, p. 19), "o masculino pressupõe o feminino para ganhar sentido, e vice-versa". Não masculinidade é o contraditório de masculinidade e não feminilidade é o de feminilidade. Aplicando a negação a cada um dos contrários, obtemos uma relação de contraditório. Não masculinidade implica feminilidade e não feminilidade implica masculinidade. Essa análise do nível fundamental possibilita entender os níveis mais abstratos do funcionamento de um discurso. Quando analisamos um discurso publicitário, como o de uma marca, por exemplo, o nível fundamental está evidenciado nos valores essenciais dessa marca, em termos do imaginário e do seu simbolismo (posicionamento cultural). Trata-se do próprio núcleo constitutivo da marca: a liberdade protagonizada pelos cigarros Free, a inovação da marca Sony, a irreverência da Benetton etc.

Nível narrativo

Entendemos por narrativa a exposição de uma transformação entre dois estados: um conto, uma história. Algo acontece que permite a mudança de uma situação para outra. Assim, os textos são narrativas que podem estar estruturadas em quatro fases distintas (Fiorin, 1997, p. 22): a manipulação, a competência, a *performance* e a sanção. Quando analisamos o estudo do nível narrativo de um texto para a aplicação publicitária que pretendemos realizar, o nível mais importante passa a ser o da manipulação. O autor apresenta-nos quatro possibilidades fundamentais em que se pode proceder à manipulação: a tentação, a intimidação, a provocação e a sedução.

A manipulação por meio da tentação está vinculada à ideia de uma premiação: "eu dou algo para obter aquilo que eu quero". É levar o "outro" a agir da maneira que se deseja por meio de uma recompensa. Da perspectiva mercadológica, a manipulação por meio da tentação é uma das mais comuns, especialmente quando entramos no campo da promoção. Nesse sentido, todos os brindes, pacotes promocionais, concursos etc. são "recompensas".

O contrário da tentação é a intimidação, ou seja, levar um indivíduo a fazer o que se quer por meio de uma punição. A intimidação não encontra campo fértil na publicidade por motivos óbvios. Seria muito difícil estabelecer um "diálogo" razoável com os consumidores tendo-se como estratégia a ameaça de um castigo. A sedução é outra estratégia de manipulação, porém faz uso do "juízo positivo" para obter seu efeito. Seria como dizer: "só você é capaz de realizar isso". A sedução é uma maneira muito "elegante" de manipulação, por isso é amplamente utilizada no discurso publicitário, quer nas propagandas para mídia de massa quer na produção de slogans. A sedução na publicidade nem sempre está expressa na forma verbal, há forte carga de sedução em grande parte das imagens publicitárias. A comunicação de cosméticos e de perfumes é um vasto campo desse recurso estratégico.

A provocação é o contrário da sedução, ou seja, manipular por meio de um juízo negativo: "deixa, não precisa fazer isso, você não é capaz...". Aqui, estabelece-se um desafio na tentativa de levar o outro a fazer exatamente aquilo que se quer que ele faça.

Ao analisarmos o nível narrativo de um texto, reportamo-nos a seu conteúdo, porém, os textos apresentam tanto conteúdo como forma. Na linguagem semiótica, chamamos plano do conteúdo e plano da expressão – a forma. O plano da expressão pode dar-se de diferentes maneiras, como verbal, gestual, imagética etc. Nesse momento, retomamos nossa análise das qualidades dos signos e das suas relações com o objeto – ícone, índice e símbolo (TGS).

Nível discursivo

Ao fazer a análise de um texto, preocupamo-nos ainda com a presença de determinados elementos que nos indicam sua objetividade ou subjetividade. A objetividade está fortemente presente nos textos descritivos em que a concretude e os detalhes estão mais marcados. A subjetividade pode ser detectada pela presença de evasivas sem marcas precisas.

Analisamos ainda as relações entre o emissor e o receptor no seu processo dialógico. Nesse momento, o estudo dos procedimentos argumentativos toma lugar. Há várias maneiras de se apresentar um argumento, destacando-se a ilustração e as chamadas figuras de linguagem ou figuras de pensamento. A ilustração evidencia-se quando o "emissor" apresenta uma afirmação seguida de inúmeros exemplos com a finalidade de reforçar e de comprovar seu argumento. A linguagem publicitária, pela sua característica redundância de didaticidade, lança mão com muita frequência da ilustração para atingir seus objetivos. O grande problema está na subvalorização do público, ou seja, subestimar a interpretação dos destinatários oferecendo obviedades.

As figuras de linguagem mais recorrentes

As figuras de linguagem são amplamente utilizadas no discurso publicitário. Em algumas situações requerem um destinatário (receptor) com amplo repertório, o que pode afetar negativamente o seu entendimento, ou seja, tornar a publicidade hermética demais. As figuras de linguagem são muitas e, por isso, analisaremos apenas algumas delas. A análise dessas figuras é decorrente do fato de que, de acordo com as opções empregadas, geramos determinados efeitos de sentido. Para ilustrar, lembramos que uma publicidade carregada de metáforas pode, de acordo com o contexto que a produz, ser sofisticada ou essencialmente afetiva e lúdica.

⌘ Metáfora

Constitui-se na substituição de uma palavra por outra quando há uma relação de semelhança. Etimologicamente, metáfora significa mudança, transposição. Exemplo: "coração de manteiga" para designar pessoa com coração fraterno, de bom coração, mais sensível às emoções. Como vimos anteriormente, os slogans fazem largo uso das metáforas para se constituírem, pois semioticamente percebemos que elas abandonam os códigos e penetram na linguagem icônica, favorecendo a qualidade das sensações e das emoções. As metáforas são, portanto, metassignos, por não se referirem a um objeto e sim a outro signo constituído por meio da relação de semelhança anteriormente estabelecida.

⌘ Metonímia

É a substituição de uma palavra por outra, quando há uma relação de contiguidade entre os termos. Há metonímia quando se estabelece uma relação de representação parcial do signo.

Há autores que diferenciam as relações de contiguidade, separando-as em quantitativa e qualitativa. A metonímia seria o exemplo de substituição parcial qualitativa. Quando a substituição parcial for quantitativa, temos a sinédoque. Essa figura de linguagem, normalmente, é entendida como um tipo de metonímia em que a substituição tem por objetivo amplificar a abrangência. Essa situação pode ser ilustrada com este exemplo: "a maldade de certas pessoas" por "a maldade da espécie humana". Aqui a amplificação do sentido é flagrante.

⌘ Catacrese

Trata-se de outra figura caracterizada pela utilização de exageros. Poderia se constituir em uma metáfora, mas como já foi incorporada na linguagem cotidiana, perde suas características. Exemplo: "virar a garrafa de cabeça para baixo". Rigorosamente garrafa não tem cabeça!

Antítese

Configura-se como palavras ou pensamentos com sentidos contrários, criando um contraste ou até mesmo um conflito. Muitas vezes são utilizadas com o objetivo de romper com o convencional, transgredir. A publicidade produzida pelo publicitário italiano Olivieri Toscani tinha na antítese imagética sua sustentação. Nessa linha, exibia, por exemplo, uma freira beijando um padre em campanhas da Benetton, gerando polêmicas que extrapolavam o mercado publicitário ou mesmo contestando padrões, como na imagem a seguir:

Chris Ratcliffe/Bloomberg via Getty Images

Destaque para os desempregados: irreverência Benetton.

Hipérbole

Figura de linguagem que tem por objetivo adensar e fortalecer o sentido de um determinado termo. Trata-se também de um exagero, como encontramos em frases já consagradas no cotidiano da nossa fala: "morrer de fome", "morrer de remorso" "matar a saudade", "cair no abismo da paixão", "afogar as lágrimas" etc. Muito recorrente como reforço e centralidade de produtos e marcas na figura de hipérboles visuais.

Ironia

Também chamada antífrase, trata-se de outra figura de linguagem que encontramos com alguma frequência nas mensagens publicitárias. Assim, quando o Sistema Brasileiro de Televisão (SBT) assume sua segunda posição no mercado e apresenta o slogan "liderança absoluta do segundo lugar", estamos diante da utilização da ironia. A ironia pode ser uma estratégia interessante e, bem utilizada, traz humor para a mensagem.[5]

Eufemismo

Essa figura pode ser entendida como o contrário da hipérbole, ou seja, há uma suavização das expressões, atenuando-as. O eufemismo é adequado quando o objeto ou ideia que se pretende comunicar não é dos mais agradáveis, como, por exemplo: morte, doença, perda de emprego, roubo de carros etc. Assim, produtos como remédios e seguros de vida podem fazer uso de eufemismos para aliviar o impacto da comunicação. É mais ou menos como falar de algo não muito agradável de maneira delicada e não direta. Anúncio de remédios para impotência sexual é um bom exemplo. Ainda outras questões, menos trágicas, podem ter no eufemismo uma interessante estratégia linguística; por exemplo, para comunicar questões que envolvam tabus, preconceitos ou crenças. Ou seja, ao tratar questões que não sejam fáceis, o eufemismo pode auxiliar suavizando o grau de conotação de uma determinada mensagem.

Lítotes

Figura de linguagem q ue sugere uma ideia por meio da negação do seu contrário, quer dizer, acaba por se configurar também em uma atenuação. Não exatamente como no eufemismo, a lítotes é uma negação gramatical em que, ao negar, se afirma. Na expressão "você não é nada bobo", na verdade o que se está querendo dizer é "você é esperto". Há também certa dose de ironia que pode ser bem empregada na comunicação publicitária.

5 Fonte:<http://mais.uol.com.br/view/1xu2xa5tnz3h/sbt-35-anos-liderenca-absoluto-do-segundo-lugar 04020D183468D8C95326?types=v&>. Acesso: em 30 ago 2016.

Pleonasmo

Figura de linguagem bastante presente na publicidade, por seu grau de redundância. Para garantir que a comunicação atinja seus objetivos, a publicidade faz uso do pleonasmo como estratégia. Exemplo: *spot* para rádio da marca de relógios Top Time: o locutor apresentava um texto descritivo da relojoaria seguido por uma sequência ritmada: relógios... Top Time, relógios... Top Time, relógios... Top Time, relógios...[6] O cuidado que se deve ter com a utilização do pleonasmo é a evidente possibilidade de tornar a mensagem desagradável. O exagero na utilização do pleonasmo leva à saturação e ao repúdio da mensagem, o que evidentemente é indesejável.

Elipse

Apresenta-se pela supressão ou omissão de um termo que pode ser facilmente subentendido pelo contexto linguístico ou pela situação que se coloca. A publicidade faz uso dessa figura com o objetivo de tornar o destinatário parceiro do enunciado. Iasbeck (2002, p. 101) diz que "o receptor pode, de certa forma, sentir-se cúmplice do enunciado; por decorrência, oferecerá menor resistência à persuasão". Os exemplos apresentados pelo autor são bastante elucidativos: "Passa Gourmet que dá", slogan da maionese Gourmet,[7] e "O sucesso", slogan dos cigarros Hollywood. Nesses casos fica evidente que a mensagem não requer explicações, não precisa dizer o que é e nem onde passar Gourmet para que se entenda e muito menos o que é Hollywood e de quem é o sucesso.

Reticência

Caracteriza pela suspensão do pensamento ou ainda por indicar um período de silêncio no início de um discurso. Utilizada na supressão de um pensamento, traz consigo a força da liberdade para a interpretação, assim perde-se, de certa maneira, o controle dos interpretantes. Não que sempre se tenha o controle, mas a utilização das reticências pode gerar insinuações indese-

6 Ouça em: <http://www.youtube.com/watch?v=Y0e4-BVXWj0&feature=Youtube&t=29m10s>. Acesso em: 31 ago. 2016

7 Fonte: <http://www.clubedecriacao.com.br/pecas/1984-passa-gourmet-que-da-47. Acesso em: 30 ago. 2016.

jadas. Contudo, é um forte recurso quando não se quer "fechar questão" a respeito de determinado discurso proposto, permitindo que se diga sem dizer, criando sugestões sedutoras...

Longe de esgotar a apresentação e a discussão das figuras da linguagem e do pensamento, nossa intenção era a de trazer à tona algumas figuras mais presentes na comunicação publicitária, a qual constitui objeto desta investigação. Percebemos que a linguagem publicitária é carregada de estratégias figurativas e persuasivas que permitem, com maior ou menor eficiência, atingir os objetivos de tornar o produto ou a marca atrativos e, com isso, levar as pessoas ao consumo.

Levando em consideração esse panorama geral, o percurso metodológico apresentado pode dar conta das questões relativas às diferentes naturezas específicas a cada mensagem, às suas misturas possíveis (palavra e imagem, imagem em movimento, imagem e som etc.), às estratégias da linguagem, aos seus processos de referência ou aplicabilidade, e aos modos como, no papel de receptores, nós as percebemos, sentimos e entendemos, enfim, como reagimos diante delas. E é nesta perspectiva que a semiótica contribui para o desvelamento da potência comunicativa dos signos mercadológicos.

REFERÊNCIAS BIBLIOGRÁFICAS

AAKER, D. A. *Building strong brands*. Nova York: The Free Press, 1996.

______. *Managing brand equity* – Capitalizing on the value of a brand name. Nova York: The Free Press, 1991.

______. AAKER, D. A.; JOACHIMSTHALER, E. *Como construir marcas líderes*. São Paulo: Futura, 2000.

AICHER, O.; KRAMPEN, M. *Sistemas de signos en la comunicación visual*. Barcelona: GG, 1995.

ALLÉRÈS, D. *Luxo... estratégias, marketing*. Rio de Janeiro: FGV, 2000.

AREAL, Z. *Visualmente a cor*. Porto: Areal Editores, 1995.

ATTALLAH, P. *Théories de la communication. Sens, sujets, savoirs*. Québec: Télé Université, 1991.

AUMONT, J. *A imagem*. Campinas: Papirus, 1993.

BAIRON, S.; PEREZ, C. O cotidiano e a linguagem ordinária: a erosão dos signos. In: *Semiótica de la vida cotidiana*. V Congreso Internacional de la Federación Latinoamericana de Semiótica. Buenos Aires, 2002.

BARBOSA, P. *Arte, comunicação & semiótica*. Porto: Universidade Fernando Pessoa, 2002.

BARTHES, R. *Elementos de semiologia*. Trad. Izidoro Blikstein. São Paulo: Cultrix, 1964.

BATEY, M. *O significado da marca*. São Paulo: BestBusiness, 2013.

BAUDRILLARD, J. *A sociedade de consumo*. Lisboa: Edições 70, 1995.

______. *Para uma crítica da economia política do signo*. Rio de Janeiro: Elfus, 1995.

______. *A troca simbólica*. São Paulo: Loyola, 1996.

BAUER, M.; GASKELL, G. *Pesquisa qualitativa com texto, imagem e som*. Um manual prático. Rio de Janeiro: Vozes, 2000.

BAXTER, M. *Projeto de produto*. São Paulo: Edgard Blucher, 1995.

BERRY, L.; PARASURAMAN, A. *Serviços de marketing*. São Paulo: Maltese, 1992.

BRANCO, L. C.; BRANDÃO, R, S, (Orgs.) *A força da letra*: estilo, escrita, representação. Belo Horizonte: Humanitas, 2000.

CADET, C. et al. *La communication par l'image*. Paris: Nathan, 1998.

CALÇADA, A. et al. (Coords.). *Design em aberto*: uma antologia. Centro Português de Design: Porto, 1993.

CARRASCOZA, J. A. *A evolução do texto publicitário*. A associação de palavras como elemento de sedução na publicidade. São Paulo: Futura, 1999.

CARVALHO, N. de. *Publicidade* – A linguagem da sedução. São Paulo: Ática, 1998.

CEGARRA, J.; MERUNKA. *Les extensions de marque*: concepts et modèles: recherche et applications marketing. Paris: PUF, 1993.

CERTEAU, M. *L'invention du quotidin* – Arts de faire. Paris: Gallimard, 1990.

CHAVES, N. *La imagen corporativa*. Teoria y metodología de la identificación institucional. Barcelona: GG, 1998.

CODELUPPI, V. Iperpubblicità. *Come cambia la pubblicità italiana*. Milano: Franco Angeli, 2000.

COELHO NETTO, J. T. *Semiótica, informação e comunicação* – Diagrama da Teoria do Signo. São Paulo: Perspectiva, 1996.

COVALESKI, R. *Publicidade híbrada*. São Paulo: Maxi, 2011.

CRAINER, S. *The real power of brands* – Making brands work for competitive advantage. London: British Library, 1995.

DAVIS, J. *La marca* – Máximo valor de su empresa. México: Prentice-Hall, 2002.

DEELY, J. *Semiótica básica*. Trad. Júlio C. M. Pinto. São Paulo: Ática, 1990.

DELANO, F. *The omnipowerful brand*. Nova York: AMA Publications, 1998.

DELORME, C. *Le logo*. Paris: Les Éditions d'Organisation, 1999.

ECO, U. *O signo*. Lisboa: Presença, 1978.

FABBRI, P. *El giro semiótica*. Buenos Aires: Gedisa, 1999.

FARINA, M. *Psicodinâmica das cores em comunicação*. São Paulo: Edgard Blucher, 1990.

FERREIRA, S. *O poder apelativo da Coca-Coca*. São Paulo, 1997. Tese (Doutorado) – Programa de Comunicação e Semiótica da PUC/SP.

FERRARA, L. D'A. *A estratégia dos signos*. São Paulo: Perspectiva, 1986.

FERRARESI, M. *Il packaging*: oggetto e comunicazione. Milano: Franco Angeli, 1998.

FIORIN, J. L. F. *As astúcias da enunciação*. As categorias de pessoas, espaço e tempo. São Paulo: Ática, 2000.

______. *Elementos de análise do discurso*. São Paulo: Contexto, 1997.

FLOCH, J.-M. *Semiótica, marketing y comunicación*. Bajo los signos, las estrategias. Barcelona: Paidós, 1993.

FONTENELLE, I. *O nome da marca*: McDonald´s, fetichismo e cultura descartável. São Paulo: Boitempo, 2002.

FRAENKEL, B.; LEGRIS-DESPORTES, C. *Entreprise et sémiologie*: analyser le sens pour maîtriser l'action. Paris: Dunod, 1999.

FRUTIGER, Ad. *Sinais e símbolos*. São Paulo: Martins Fontes, 2001.

GOODMAN, N. *Language of art*: An approach to the theory of symbols. Indianápolis: Hackett, 1976.

GOBÉ, M. *A emoção das marcas*. Rio de Janeiro: Campus, 2002.

______.*Brandjam*: O design emocional na humanização das marcas. Rio de Janeiro: Rocco, 2010

GREIMAS, A. J.; FONTANILLE, J. *Semiótica das paixões*. São Paulo: Ática, 1993.

GRIFFIN, J. *Costumer loyalty* – How to earn it, how to keep it. Nova York: Lexington, 1996.

GUIMARÃES, L. *A cor como informação*. São Paulo: Annablume, 2001.

______. *A cor no design*. São Paulo: Annablume, 2003.

HARTMANN, G. et al. *Gestalt psychology* – A survey of feets and princip. Nova York: Greenwood, 1990.

HEIDEGGER, M. *A origem da obra de arte*. Frankfurt: Klostermann, 1950.

______. *Ser e tempo*. Trad. Fausto Castilho. Campinas, SP; Rio de Janeiro, RJ: Editora da UNICAMP: Vozes, 2012

HELLIN, P. *Publicidad y valores pos-modernos*. Murcia, 2011.

HOWARD, J.; SHETH, Jagdish. *The theory of buyer behavior.* Nova York: Harper & How, 1969.

HURLBURT, A. *Layout*: o design da página impressa. São Paulo: Nobel, 1999.

IASBECK, L. C. *A arte dos slogans.* As técnicas de construção das frases de efeito do texto publicitário. São Paulo: Annablume, 2002.

INDUSTRI DISEINURAKO ZENTRU AB. *Manual de gestão de design.* Trad. Porto: Centro Português de Design. 1997.

IND, N. *The corporate brand.* Londres: MacMillan Press, 1997.

JIMÉNEZ, M. P. *Nuevos medios en la imagen.* Tenerife: Universidad La Laguna, 1999.

JONG, C. de. (Org.). *Manual de imagem corporativa.* Barcelona: Gustavo Gili, 1991.

JOUVE, M. *La communication publicitaire.* Approche stratégique. Paris: Bréal, 1992.

KANDINSKY, W. *Do espiritual na arte.* São Paulo: Martins Fontes, 1996.

KAPFERER, J.-N. *A gestão de marcas.* Lisboa: Cetop, 2000.

KELLER, D. *A cultura da mídia.* Bauru: Edusc, 2001.

KLEIN, N. *No logo*: economia globale e nuova contestazione. Milano: Baldini Castoldi, 2000.

KOCH, I. V. *O texto e a construção dos sentidos.* São Paulo: Contexto, 2001.

KOTLER, P. *Administração de marketing.* São Paulo: Atlas, 1998.

LANDOWSKI, E.; FIORIN, J. L. (Eds.) *O gosto da gente, o gosto das coisas.* São Paulo: Educ, 1997.

LENCASTRE, P. de. *Portugal*: um caso de gestão e comunicação da marca. Porto: UCP, 2001.

LENCASTRE, P. (Org.) *O Livro da marca.* Lisboa: Dom Quixote, 2007.

LESSA, W. D. *Dois estudos de comunicação visual.* Rio de Janeiro: UFRJ, 1995.

LINDSTROM, *M. Brandsense*: a marca multisensorial. Porto Alegre: Bookman, 2010.

LOMAS, C. *El espectáculo del deseo.* Usos y formas de la persuasión publicitaria. Barcelona: Octaedro, 1996.

LÓPEZ, V. V. *Escaparatismo e imagen comercial exterior.* Madrid: Esic, 2000.

MORENTIN, J. M. *El mensaje publicitario.* Buenos Aires: Tres Tiempos, 1984.

MACEDO, P. Identidade sonora. In: *Revista Propaganda*, n. 619, dez. p. 28-33, 2002.

MAINGUENEAU, D. *Análise de textos de comunicação.* São Paulo: Cortez, 2002.

______. *Novas tendências em análise do discurso.* Campinas: Pontes, 1997.

MARCENAC, L. et al. *Strategies publicitaires.* De l'étude marketing au choix des médias. Paris: Bréal, 1991.

MARTINS, J. A natureza emocional da marca. São Paulo: Negócio Editora, 1999.

______. O poder da imagem. São Paulo: Intermeios, 1992.

MELO, C. H. de. *Os desafios do designer & outros textos sobre design gráfico.* São Paulo: Rosari, 2003.

MESTRINER, F. *Design de embalagem.* São Paulo: Makron Books, 2001.

MICHEL, G. *La stratégie d'extension de marque.* Paris: Vuibert, 2000.

MICK, D. G. Consumer research and semiotcs: exploring the morphology of signs, symbols and significance. *Journal of Consumer Research*, v. 13, n. 2, p. 196-213, 1986.

______. *Semiotics in marketing and consumer research*: Baldendash, verity, Pleas. In: Brown, Turkey, D. (Eds.) *consumer research*: post cards from the edge, Londres: Routledge, 1997. p. 249-262.

MONN, M.; MILLISON, D. *Firebrands* – La defeltà al marchio nell'era di internet. Milano: McGraw-Hill, 2000.

NÖTH, W. *A semiótica no século XX.* São Paulo: Annablume, 1990 .

______. *Panorama da semiótica* – De Platão a Peirce. São Paulo: Annablume, 1995.

NUNES, G.; HAIGH, D. *Marca valor do intangível* – Medindo e gerenciando seu valor econômico. São Paulo: Atlas, 2003.

OLINS, W. *A marca.* Lisboa: Verbo, 2003.

PEIRCE, C. S. *El hombre, un signo.* Barcelona: Novagrafik, 1988.

______. *Escritos coligidos.* Seleção de Armando M. D'Oliveira. Trad. Armando D'Oliveira e Sergio Pomerangblum. São Paulo: Abril Cultural, 1974. (Os Pensadores).

______. *Semiótica*. Trad. J. Teixeira Coelho. São Paulo: Perspectiva, 1977.

PEREZ, C. Marketing da completude a busca do objeto de desejo. In: *Psilacanise Psicanálise e Conexões*. Disponível em: <www.pucsp.br/psilacanise>, 2003.

______. *Marketing & semiótica*: Um modelo de análise das expressões da marca. São Paulo, 2001. Tese (Doutorado em Comunicação e Semiótica) – Pontifícia Universidade Católica de São Paulo.

______. *Gestão e semiótica de marca*: a publicidade como construção e sustentação sígnica. São Paulo: Intercom Nacional, 2007.

______. Semiótica e gestão de marcas. In: *Hiperpublicidade fundamentos e interfaces*. São Paulo: Thomson Learning, 2007 (Cengage Learning)

______. *O fim do target*: identidade e consumo na pós-modernidade. São Paulo: Ipsos MKT, 2009.

______. O espírito do tempo e as marcas. Jornal do Comércio. Porto Alegre, 30 de março de 2015.

______. Símbolos do consumo. Caderno Globo, v. 7, p 52-59, 2015.

PEREZ, C.; BAIRON, S. *Comunicação & marketing*: Teorias da comunicação e novas tecnologias. São Paulo: Futura, 2002.

______. *Mascotes, semiótica da vida imaginária*. São Paulo: Cengage, 2011.

PEREZ, C. et al. *Gerência de produtos*. São Paulo: Saraiva, 2003.

PEREZ, C. et al. (Orgs.). *Universo sígnico da pirataria*: falso? verdadeiro! São Paulo: ECA/Inmod, 2013.

PETIT, F. *Marca e seus personagens*. São Paulo: Futura, 2003.

PIGNATARI, D. *Informação, linguagem e comunicação*. São Paulo: Cultrix, 1986.

PINO, W.; SANTOS, J. F. dos. *A marca e o logotipo brasileiros*. Rio de Janeiro: Rio Velho, 1974.

QUESSADA, D. *O poder da publicidade na sociedade consumida pelas marcas*. São Paulo: Futura, 2003.

RANDAZZO, S. *A criação de mitos na publicidade*. Rio de Janeiro: Rocco, 1996.

REBOUL, O. *O slogan*. São Paulo: Cultrix, 1980.

REQUENA, J. G.; ZÁRATE, A. *El espot publicitario* – Las metamorfosis del deseo. Madrid: Cátedra, 1999.

RIES, A.; RIES, L. *A queda da propaganda*. Da mídia paga à mídia espontânea. Rio de Janeiro: Campus, 2002.

RIFKIN, J. *A era do acesso*. São Paulo: Makron Books, 1999.

ROBERTS, K. *Lovemarks*. São Paulo: MBooks, 2005.

ROCHA, Cl. *Projeto tipográfico*. Análise e produção de fontes digitais. São Paulo: Rosari, 2003.

RODRIGUES, D. *Naming*: o nome da marca. Rio de Janeiro: 2AB, 2011.

SANTAELLA, L. *A assinatura das coisas* – Peirce e a literatura. Rio de Janeiro: Imago, 1992.

______. *A percepção* – Uma teoria semiótica. São Paulo: Experimento, 1998.

______. *A teoria geral dos signos* – Semiose e autogeração. São Paulo: Ática, 1995.

______. *Culturas e artes do pós-humano*. Da cultura das mídias à cibercultura. São Paulo: Paulus, 2003.

______. *Dialogismo*: Charles Sanders Peirce e M. M. Bakhtin, semelhanças e diferenças. São Paulo: Cruzeiro Semiótico, 1985.

______. *Miniaturas*. São Paulo: Hacker CESPUC, 1996.

______. *O que é semiótica*. São Paulo: Brasiliense, 1983.

______. *Por uma classificação da linguagem visual*. FACE Revista de Semiótica e Comunicação, v. 2, n. 1, São Paulo: Educ, 1989.

______. *Semiótica e outras ciências*. Cadernos PUC 30. Ana Claudia de Oliveira e Lucia Santaella (Orgs.). São Paulo: Educ, 1987.

______. *Semiótica aplicada*. São Paulo: Thompson Learning, 2002.

______. SANTAELLA, L.; NÖTH, W. *Imagem* – Cognição, semiótica, mídia. São Paulo: Iluminuras, 1998.

SANT'ANNA, A. *Propaganda:* teoria, técnica, prática. São Paulo: Pioneira, 1996.

SCHMITT, B.; SIMONSON, A. *A estética do marketing*. São Paulo: Nobel, 2000.

SCHNAIDERMAN, B. *Semiótica russa*. São Paulo: Perspectiva, 1979.

SCHULTZ, D.; BARNES, B. *Campanhas estratégicas de comunicação de marca*. Rio de Janeiro: Qualitymark, 2001.

SEBEOK, J. U. *Marketing and semiotics*. New directions in the study of signs for sale. Nova York: Mouton de Gruyter, 1987.

SEBEOK, T.; SEBEOK, J. U. *Sherlock Holmes y Charles S. Peirce*. El método de investigación. Barcelona: Paidós, 1994.

SEMPRINI, A. *Marche e mondi possibili:* un approccio semiótico al marketing della marca. Milano: FrancoAngeli, 1993.

SEMPRINI, A. *A marca pós-moderna*. São Paulo. Estação das Letras e Cores, 2006.

SERRA, E.M.; GONZALEZ. J. *A marca:* avaliação e gestão estratégica. Lisboa: Verbo, 1998.

SHIMP, T. *Advertising, promotion & supplemental aspects of integrated marketing communications*. Ohio: Thomson Learning, 2003.

SICARD, M.-C. *La métamorphose des marques*. Paris: Les Éditions D'Organisation, 1998.

SINA, A. *Marketing global* – O desafio de construir uma marca em tempos de globalização. São Paulo: Crescente, 2002.

SOUZA, L.; DRIGO, M. O. *Aulas de semiótica peiceana*. São Paulo: Annablume, 2013.

SOUZA, M.; NEMER, A. *Marca & distribuição*. São Paulo: Makron Books, 1993.

SOUZA, S. E. de. Marketing & semiótica. *Revista ESPM,* São Paulo, v. 3, n. 3, 1996.

STOBART, P. *Brand power.* Londres: British Library, 1994.

STRUNCK, G. *Como criar identidades visuais para marcas de sucesso*. Rio de Janeiro: Rio Books, 2001.

TAVARES, M. C. *A força da marca* – Como construir e manter marcas fortes. São Paulo: Harbra, 1998.

TISKI-FRANCKOWIAK, I. *Homem, comunicação e cor.* São Paulo: Ícone, 1997.

VESTERGAARD, T.; SCHRODER, K. *A linguagem da propaganda*. São Paulo: Martins Fontes, 2000.

VOLLI, U. *Semiotica della pubblicità*. Roma: Laterza, 2003.

TRINDADE, E.; PEREZ, C. Os múltiplos sujeitos de publicidade contemporânea. Revista Portuguesa e Brasileira de Gestão. Lisboa, v. 8, p. 25-36, 2010.

ZUNZUNEGUI, S. *Pensar la imagen*. Madrid: Universidad del Pais Vasco, 1998.

WATIN-AUGOUARD, J. *Le dictionnaire des marques*. Paris: Sediac, 1997.